_____ 님의 소중한 미래를 위해
이 책을 드립니다.

재무제표를
꿰뚫어보는 법

재무제표를 꿰뚫어보는 법

이제껏 당신이 몰랐던 재무제표의 비밀

양대천 지음

메이트북스

메이트북스 우리는 책이 독자를 위한 것임을 잊지 않는다.
우리는 독자의 꿈을 사랑하고,
그 꿈이 실현될 수 있는 도구를 세상에 내놓는다.

재무제표를 꿰뚫어보는 법

초판 1쇄 발행 2019년 12월 6일 | **초판 2쇄 발행** 2020년 12월 15일 | **지은이** 양대천
펴낸곳 ㈜원앤원콘텐츠그룹 | **펴낸이** 강현규 · 정영훈
책임편집 안정연 | **편집** 유지윤 · 오희라 | **디자인** 최정아
마케팅 김형진 · 차승환 · 정호준 | **경영지원** 최향숙 · 이혜지 | **홍보** 이선미 · 정채훈
등록번호 제301-2006-001호 | **등록일자** 2013년 5월 24일
주소 04607 서울시 중구 다산로 139 랜더스빌딩 5층 | **전화** (02)2234-7117
팩스 (02)2234-1086 | **홈페이지** www.matebooks.co.kr | **이메일** khg0109@hanmail.net
값 16,000원 | **ISBN** 979-11-6002-262-9 03320

이 도서의 국립중앙도서관 출판시도서목록(CIP)은 e-CIP홈페이지(http://www.nl.go.kr/ecip)에서
이용하실 수 있습니다.(CIP제어번호: CIP2019045938)

한 회사에 대해 우리가 과연
정확히 분석했느냐가 옳고 그름을 좌우할 것이다.
우리는 명품기업만을 선별할 것이며
그래서 재무제표를 본다.

• 워런 버핏(세계적인 투자자) •

기업의 진정한 가격을
알기 위해 노력하자!

이 책은 재무제표를 꼭 제대로 읽을 수 있기를 바라지만 회계(會計)의 '회(會)'만 들어도 머리가 아픈 분들을 위해 썼다.

대학교재나 수험서가 아닌 대부분의 회계 책을 보면, 마치 그 책만 읽으면 회계를 분명히 정복할 듯이 말한다. 그러나 책의 중간부분도 채 못가서 확실히 깨닫는데, 결국 회계는 어렵기 때문이다. 회계 책들이 말한 대로, 정말 쉽게 썼다는 책이 도통 이해가 안 되니 진짜로 회계는 어려운 것 아닐까?

실제로 오랫동안 나는 궁금했었다.

"정말로 회계는 어려운 걸까?"

나는 이과 전공으로 대학에 들어갔지만, 내 전공보다 오히려 경영학을 좋아하게 되었다. 경영학을 공부해본 분들은 알겠지만 경영학의 각 과목 중 회계학은 당연히 넘어야 할 산이다. 회계원리라는 입문과목부터 회계에 첫 발을 내디뎠는데, 시작부터 회계가 너무나도 어렵게 느껴졌다.

우여곡절 속에 다음 학기에 중급회계라는 과목을 신청해 수강했는데 그야말로 불행했던 학기로 기억된다. 자존감(?)을 회복하고자 급기야 수험전문 회계학원에서 등록해 회계를 정복하고자 했다.

당시 이름을 날리던 명강사께서 이보다 더 쉬울 수가 없다고 말하면서 열강을 했지만, 여전히 하나도 못 알아들었다. 이쯤에선 회계는 진정 어렵다는 결론을 내지 않고서는 내가 들인 노력과 시간은 보상받을 수가 없었다.

숫자가 지배하는 오늘의 세상에서 누구든 부지불식간 회계와 대면하게 된다. 많은 경우는 어쩔 수 없이 회계를 공부해야만 하는 상황에 봉착하기도 한다. 혼자서 독학으로 공부하기도 하고 대학, 학원 또는 직장의 연수기관에서 배우기도 한다.

이처럼 많은 이들이 회계를 정복하고자 부족한 시간에도 갖은 노력을 다한다. 하지만 결국 종국에 깨닫는 건 '회계는 어렵다'는 공허한 사실뿐이다!

나는 대학에서 회계학을 가르친다. 그런데 놀라울 정도로 공통된 무언가를 발견한다. 회계를 공부하는 획일적인 방식이 있다는 것이다. 그 방식은 다음과 같다.

'무조건 회계를 암기한다.'

어떤 과목이든 어렵고 이해가 힘들면 일단 암기하게 된다. 이해가 안 되니 어쩔 수 없지 않은가? 통째로 외우면 언젠가는 이해가 될 것이라는 막연한 믿음이 있기도 하다. 회계를 공부하다보면 매 상황마다 새로운 논리에 직면한다. 그러니 각 상황에 맞는 새로운 회계방식을 암기한다.

물론 상황이 복잡하면 복잡한대로 새로운 상황이면 새롭게 암기해야 한다. 공부량이 기하급수적으로 늘어나면서 뇌 용량도 한계에 봉착한다. 급기야 회계의 '회(會)'자만 봐도 골치가 아프다.

그렇다. 모두가 다람쥐 쳇바퀴를 돌 듯이 똑같은 오류를 범하고 있는 것이다. 당신이 짐작했듯이, 그 오류는 회계 공부를 암기로 시작해 암기로 끝내려 한다는 것이다.

이제는 그리도 반복했던 오류를 끊어낼 때가 왔다. 그 시작은 다음과 같은 생각으로부터 비롯된다.

'회계는 암기가 아닌, 이해를 해야 한다.'

그런데 문제는 '과연 회계를 이해할 수 있는가?'이다. 길은 있다. 다음의 명제를 명심하면 길이 보인다.

'모든 회계는 빅피처(Big Picture) 아래에 있다.'

회계는 '빅피처' 속에 엄청나게 세밀한 짜임새를 갖춘 구조이다. 비유하자면, 회계학은 아름다운 빅피처에서 출발해 지극히 세부적인 묘사에 이르기까지 역사적인 최고가를 기록하는 예술작품과 진배없다. 회계는 마치 거미집과도 같이 코어(Core)에서 정교하게 확장된 구조물이다.

이러한 짜임새있는 구조를 이해해야 한다. 그렇지 않고 한 줄 한 줄의 실타래 속으로 다짜고짜 들어가면 길을 잃고 만다. 그래서 회계를 알려면, 무엇보다도 빅피처를 보아야 한다. 빅피처를 이해하고 나면,

회계는 물 흐르듯이 이해가 된다. 높은 산에 서면 강물이 유입되고 바다를 향해 빠져나가는 것이 자연스레 보이는 것과 같은 이치이다.

이쯤에서 궁극적인 질문을 해보자.

"회계를 공부하려는 목적이 무엇인가?"

이에 대한 답부터 말하자면, "마침내 재무제표를 이해하는 것"이다.

혹자들은 "회계를 몰라도 재무제표를 읽을 줄 알면 된다"라는 솔깃한 말을 한다. 그러나 이는 회계가 워낙 어렵다보니 어딘가 기대려는 마음을 유혹하는 것이다. 재무제표는 그 속사정을 모르고 보면 수박겉핥기와 전혀 다르지 않다.

회계가 어떻게 돌아가는지 전무한 상태에서 재무제표를 본다는 것은 사실상 불가능하다. 회계를 모르고 재무제표에 덤비면 그저 두려움만 몰려올 뿐이다.

일단 회계를 알아야 최종 완성물인 재무제표가 보이기 시작한다. 세밀한 짜임새를 갖춘 회계 구조물은 최종 완성형체(즉 재무제표)만 언뜻 본다고 해서 그 구조물을 이해하는 것이 아니다. 회계가 어떻게 돌아가는지 전무한 상태에서, 완성된 재무제표만 본다는 것은 그냥 눈에 보이는 걸 보는 것뿐이다.

완성형체(재무제표)의 부분 부분을 추론해가는 것이 바로 사용자 관점의 회계이다. 즉 '재무제표를 단순히 보이는 대로 보는 것'하고 '그 속에서 사건을 추론해내고 정보를 얻어내는 것'은 완전히 다르다. 그래서 회계를 공부하려는 명백한 이유는 다음과 같다.

'회계를 알아야 재무제표를 읽어낼 수 있다.'

그런데 여기서 한 가지 중요한 의구심이 생긴다.

"회계만 알면 재무제표를 과연 손쉽게 읽어낼 수 있을까?"

우리는 재무제표간의 연결고리를 살펴보면서, 재무제표로부터 심오한 무언가를 발견하고자 이것저것 살펴본다. 심지어 회계의 입문자조차도 재무제표를 면밀히 살펴보면서 회계부정이나 오류까지 발견해야 할 것 같은 분위기다. 이러한 갖은 노력에도 불구하고 생각보다 얻은 것이 없다.

필자는 분명히 말한다. 우리는 재무제표를 볼 때 반드시 어떤 '관점(Viewpoint)'을 가져야 한다. 그 어떤 관점은 바로 '기업의 진정한 가격(가치)을 온 집중을 다해서 보는 것'이다.

우리 인간은 '호모이코노미쿠스(Homo Economicus)'이다. 경제적 인간은 어떠한 사물이든 그 가격을 알고 싶어 한다. 그것은 바로 인간의 본능이다. 그러한 본능에 충실하면서 기업의 진정한 가격을 알고자 한다면, 재무제표를 꿰뚫어볼 수 있다. 그래서 이제 다음과 같은 결론에 도달하게 된다.

'기업의 가격을 찾고자 해야만, 재무제표를 꿰뚫어볼 수 있다.'

이 책은 주식투자자, 일반 직장인, 대학생, 창업 및 자영업자 그리고 회계비전공자 및 입문자 등에게 재무제표를 제대로 접근하는 방법을 알려주고자 한다. 특히 '재무제표를 반드시 읽어내고자 하는 주식투자자'에게는 직접적인 도움을 준다.

우선 필자가 제시하는 회계의 '진실로 쉬운 회계의 정석(2장)'와 '회계의 빅피처(3장)'를 숙지하길 강권한다. 불필요한 모든 지엽적인 것들을 배제하고 회계의 핵심 논리만을 명쾌하게 풀어갈 것이다. 그 이후, 재무제표를 단 한 번만 작성해보고 재무제표를 읽어낼 것이다(4장, 5장). 이어서 '재무제표를 꿰뚫어보는 법(6장)'을 말하고, 이후 7장에서는 주식투자를 하는 데 있어 재무제표를 이용하길 강권하면서 주식부자가 되는 하나의 실전 팁을 소개할 것이다.

단언컨대, 이 책의 순서로 재무제표를 공부한다면 어느덧 당신은 재무제표의 고수가 되어 있을 것이다. 많은 책들이 세상에서 가장 쉬운 회계 책을 선사하기 위해 노력했지만 달갑지 않은 현실에서, 최소한 당신은 회계의 '빅피처'를 알게 될 것이다. 무엇보다 당신은 이 책을 통해 마침내 재무제표를 꿰뚫어보는 눈을 갖게 될 것이다.

이 책을 출간하기까지 바쁘신 중에도 추천의 글을 손수 써주시고 감수를 해주신 삼정회계법인의 한은섭 대표님께 감사의 마음을 드린다.

양대천

회계의 대중화를 위한
나침반

삼정회계법인 한은섭 대표(감사 부문 대표)

　기업은 투자자, 채권자는 물론 고객과 종업원에 이르기까지 다양한 이해관계자와 지속적으로 소통하며 발전합니다. 이러한 소통을 위한 핵심적인 자료가 바로 재무제표입니다. 재무제표를 작성하는 기준이 회계이므로, 회계는 기업을 이해하기 위한 '언어'라고 할 수 있습니다.

　따라서 기업과 관련해 매 순간 의사결정을 수행해야 하는 이해관계자들에게는 기업이 표현하는 재무상태와 경영실적을 꿰뚫어볼 수 있는 능력이 필요합니다. 이를 위해서는 회계에 대한 이해가 매우 중요하며, 회계에 대한 지식은 대중적으로 폭넓게 공유되어야 할 필수 요소로 부상했습니다.

　하지만 현실로 돌아오면, 일반적으로 회계는 범접하기 어려운 학문으로 인식되고 있습니다. 실제로 국제회계기준(IFRS)이 도입된 이후 회계가 더욱 어려워진 것도 사실입니다. 그렇다고 모든 사람이 회계를 집중적으로 학습할 수도 없으니, 회계 지식의 대중화란 요원한 일로 여겨지곤 했습니다.

이와 같은 가운데 양대천 교수가 저술한 『재무제표를 꿰뚫어보는 법』은 회계의 대중적 이해 확산을 위한 신선하고 기발한 접근 방법을 제시하고 있습니다. 회계법인과 국내 유수 기업, 경영연구소 등에서 회계 실무를 했던 경험을 집대성한 양대천 교수는 협업에 필수적인 회계 지식을 이 책에 담았습니다.

이 책은 복잡한 회계의 이론을 설명하는 대신 꼭 알아야 할 회계의 기본 구조를 알기 쉽게 설명하고 있습니다. 이러한 이해를 바탕으로 재무제표를 분석하는 기법까지 제시해 현실에서 응용할 수 있는 실천적 지식으로 제공합니다.

회계에 대한 이해가 전혀 없는 비전공자라도 꼭 필요한 회계 지식을 습득할 수 있도록, 이 책은 지름길이 되어줄 것입니다. 아울러 재무제표를 꿰뚫어보며 미래의 큰 그림을 그리고자 하는 기업의 CEO를 비롯한 임직원에게 이 책은 현미경과 망원경 역할을 동시에 할 것입니다. 또한 정책입안자, 경영·경제에 관심 많은 독자들에게 회계의 길을 알려주는 나침반이 되어줄 것으로 생각합니다.

바쁜 와중에도 저술활동을 통해 '회계의 대중화'를 위해 노력하는 양대천 교수께 다시 한번 진심으로 감사드립니다. 이 책이 독자들의 회계학적 갈증을 해소하는 오아시스가 되기를 기대합니다.

차례

프롤로그 기업의 진정한 가격을 알기 위해 노력하자!   6
추천사   회계의 대중화를 위한 나침반   14

1장   재무제표에 대한 오해와 진실

회계는 구구단이다?   25
당신은 회계와의 싸움을 피해도 될까?   28
회계는 몰라도 재무제표만 보면 된다?   31
3대 기업보고서도 엄연한 재무제표다   34
주식투자와 재무제표 ①: 소문에 따라 주식투자를 한다?   37
주식투자와 재무제표 ②: 주식부자는 재무제표를 본다   40
주식투자와 재무제표 ③: 어떻게 워칭할까?   42

2장   진실로 쉬운 회계의 정석

회계 첫걸음부터 암기해야 한다?   49
현금입출과 회계가 다르다?   52
현금출납부터 해보자   55
복식부기는 도대체 뭐지?   58
자산은 도대체 뭘까?   61
부채는 도대체 뭘까?   64
자본은 도대체 뭘까?   67
이해하기 어려운 거래, 비용의 발생?   70
수익도 역시나 이해하기 어려운 거래?   75

3장 회계의 빅피처를 알아야 한다

복식부기의 유형은 이게 다다   83

복식부기의 차변을 곱씹어보자: 사내유보 vs. 사외유출   88

복식부기의 대변을 곱씹어보자: 의무 vs. 득템(?)   91

복식부기가 미완성 재무제표로 전환되다   94

재무상태표와 손익계산서가 탄생하다   99

풀리지 않는 2개의 수수께끼 ①   104

풀리지 않는 2개의 수수께끼 ②   108

4장 재무제표를 단 한 번만 작성해보자

차변 항목: '자산과 비용' 발생 거래   115

대변 항목: '의무와 수익' 발생 거래   121

큰 틀에서 실제 거래를 분개하자   126

[실전 ①] 거래의 분개   130

[실전 ②] 미완성 재무상태표와 손익계산서   135

[실전 ③] 재무상태표와 손익계산서의 탄생   138

정산표를 음미해보자   141

마감분개와 완성 재무제표를 음미해보자   145

5장 재무제표에서 진짜 중요한 것

자산 vs. 비용 ①	151
자산 vs. 비용 ②	155
자본과 부채는 동일한 의무?	159
부채의 인식	162
부채일까, 자본일까?	166
재무상태의 세부항목	170
손익계산서의 세부항목	176
지속적 손익 vs. 일시적 손익	180

6장 재무제표를 꿰뚫어보는 법, 가치평가의 눈

왜 재무제표를 분석하는가?	187
재무제표 분석, 이것만 하면 된다	190
기존 재무상태표를 변형해야 한다	193
손익계산서의 단계별 이익을 알아야 한다	198
상대적 가치평가법 ①: 기업입장의 투자수익률	202
ROA를 흔히들 잘못 사용하고 있다	209
상대적 가치평가법 ②: 주주입장의 투자수익률	212
지속적 이익을 이용해 투자수익률을 산정해본다	215
재무제표와 주가를 동시에 고려하다	219

상대적 가치평가법 ③: PER 222

상대적 가치평가법 ④: PBR 226

상대적 가치평가법 ⑤: PCR과 EV/EBITDA 229

잉여현금흐름(FCF)은 곧 생존, 현금흐름표를 잘 이해하자 232

절대적 가치평가법 ⑥: FCF법 237

절대적 가치평가법 ⑦: EVA법 240

7장 주식부자 되는 실전 팁, 웰스빌딩 전략

주식부자의 첫걸음은 재무제표와 워칭 251

어떤 기준으로 당신은 투자하는가? 254

기술적 매매에 의한 수익이 가능한가? 257

장기적 주가는 진실을 반영한다 261

공공연한 진실, 세력은 기술적 지표를 역이용한다 263

진짜 주주같이 행동하자 274

분기별 재무제표를 통해 '워칭'해야 한다 276

세계적인 주식부자들은 가치투자의 거장들이었다 280

웰스빌딩 전략을 실행하라 286

에필로그 회계를 모르고 재무제표에 덤비지 마라! 292

참고자료 294

당신이 무슨 일을 하든지 회계를 모르면 까막눈이다. 하지만 막상 회계를 공부하자니 암기로 시작해서 엄청난 공부 분량에 한숨짓는다. 급기야 회계의 '회(會)'자만 봐도 골치가 아파진다. 결국 모두가 먹고 사는 게 바쁘니 회계 공부는 나중으로 미루게 된다. 많은 책들이 세상에서 가장 쉬운 회계 책을 선사하기 위해 노력했지만 달갑지 않은 현실에서, 이 책은 가뭄의 단비와도 같을 것이다. 주식투자자, 일반 직장인, 대학생, 창업 및 자영업자 그리고 회계비전공자 및 입문자라면 재무제표에 제대로 접근할 수 있어야 한다.

①

재무제표에 대한
오해와 진실

회계는
구구단이다?

모두가 회계를 구구단처럼 암기하면서 시작하고
그러다보니 엄청난 공부량에 한숨 짓는다.

　우린 모두 소싯 적에 구구단을 외우느라 한참을 고생했다. 어린 시절 주어지는 숙명적 과업 중의 하나가 바로 구구단이었다. 구구단을 정복해야만 앞으로 공부할 자격이 주어지는 셈이다.

　이렇게 시작된 구구단은 '수학(數學)'이라는 거대 괴물로 진화하기에 이른다. 구구단을 정복하면서 공부 자격을 획득하며 기뻐한 것도 한순간, 우리들은 수학이라는 거대 괴물과 괴롭게 싸우며 우리의 청춘을 다 보낸다.

　그래서 우리는 수(數)를 보면 트라우마가 떠오른다. 모든 숫자에는 감내해야 할 고통이 도사리는 것이다. 나를 포함한 모두가 수학은 어렵다고 느낀다. 수학이 쉽다면 왜 고통이겠는가? 자나깨나 『수학의 정석』을 옆에 끼고 살며 수업도 열심히 듣고 반복해서 풀어보고 문제와 답을 통째로 외워봐도 어렵긴 마찬가지다.

어쨌든 도통 이해가 안 되니, 어찌하겠는가? 무조건 외울 수밖에. 구구단부터 외워서 시작한 공부라 암기에 대해서는 별다른 저항감이 없다. 암기해서라도 수학을 잘할 수만 있다면 아쉬움이 없겠다.

수학이 위장 변신한 듯한 회계

우여곡절 속에 수학을 넘어선 우리는 성인이 되어 공교롭게도 수학이 위장 변신한 '회계(會計)'와 맞닥뜨린다. 이 놈(?)의 회계는 수학 같기도 하고 수학이 아닌 것 같기도 하다. 우리가 수학을 무조건 피하니, 수학도 자신이 수학이 아닌 것처럼 위장 변신한 것이다.

물론 회계는 엄밀히 말하면 수학과는 완전 다르다. 그렇지만 또 다른 적을 맞닥뜨린 사람의 입장에서는 '그것이 수학이냐 아니냐?'가 중요한 게 아니다. 문제는 수학 비슷한 놈하고 또다시 싸워야만 한다는 것이다.

수학의 입문이 구구단의 암기였던 것처럼, 회계를 첫 입문하는 사람들은 소위 '거래의 8요소'라는 복식부기의 원리부터 구구단처럼 암기하면서 시작한다. 왜냐하면 그렇게 배우기 때문이다. 회계가 많은 사람들에게 수학처럼 느껴지는 이유는 암기로 시작해서 계속해서 암기하기 때문이다. 회계에 발을 내민 모든 사람들이 거래의 8요소를 암기한 이후 모든 거래를 암기와 다름없이 풀어간다.

회계를 암기로 시작한다면 공부량이 늘어나면서 우리의 뇌용량은 한계에 봉착할 것이다. 그러나 모두가 회계를 목숨 걸고 암기해야지만 넘을 수 있다고 믿으니 어쩔 수 없이 그리 한다. 아니면 '사는 게 바쁘니 나중에 회계를 공부해야지' 하고 어느 정도에서 잠정적으로 그만두는 것이다.

당신은 회계와의 싸움을
피해도 될까?

당신이 무슨 일을 하든지
회계를 모르면 까막눈이다.

　지금의 시대는 기업이 세상을 지배한다. 산업이 발달할수록 기업과 자본은 거대화되고 집중화된다. 창업 당시 소유자가 거대화된 기업 전체를 계속 소유하기도 어려울 뿐더러 직접 경영하기에 전문성에 한계가 있다.

　그래서 전문경영인에게 기업운영을 맡긴다. 전문경영인은 직접 경영을 하고, 그 성과를 소유주인 주주에게 주기적으로 보고한다. 전문경영인은 객관적이고 명백한 근거를 가지고 보고를 해야 하고, 이를 위해 '숫자'로 표현된 회계를 사용한다.

　한편 전문경영인이 기업 운영을 할 때, 모든 지시와 통제를 일일이 할 수가 없으므로 각 임원에게 책임을 부여하고 이후 조직별로 성과위

주로 점검하게 된다. 이러한 기업운영의 많은 과정이 '숫자'를 통해 이루어진다.

기업의 모든 운영이 이러한 '숫자'로 이루어지고, 외부 보고 또한 숫자로 이루어진다고 해도 과언이 아니다. 결국 '숫자', 즉 '회계'가 지배한다. 우리는 회계를 외면하고 살수는 없다. 회계를 모르면 까막눈이가 되는 것이다. 그래서 요즘은 많은 기업들이 임직원에게 회계 교육을 필수로 요구하고 있다.

회계를 알아야 누군가와 대화할 수 있다

여러분이 아직 임직원은 아니지만 대학생이라도 마찬가지다. 기업의 회계를 모르면 미래의 임직원으로서 자격이 부족하다. 회사의 모든 업무가 숫자를 중심으로 돌아가고 보고해야 하는데, 그걸 모르면 회사도 당신도 답답해지는 것이다.

만일 당신이 창업자나 자영업자라면 회계는 사업의 생명임을 상기해야 한다. 현금출납은 물론 사업의 재산변동에 대해 모든 걸 파악해야 한다. 그런데 회계를 모르면, 당신이 본전은 하고 있는지, 소요되는 원가는 얼마인지, 물건을 팔아 정확히 얼마나 벌고 있는지 등 도통 오리무중이다. 즉 내 귀중한 돈이 '어디론가 새고 있는지 아니면 잘 모아지고 있는지' 알 수 없게 되는 것이다.

당신이 주식투자자라면 투자한 기업에 대해 정확한 정보를 파악해야 한다. 그런데 회계를 모른다면, 기업 재무정보에 대해 직접 파악하기보다는 뉴스나 소문에 의존하거나, 드문 경우지만 전문가에게 물어봐야 한다. 어쨌든 그럴듯한 정보를 열심히 수집한들 뭔가 답답하고도 찜찜하다.

어쨌든 당신이 어떤 일을 하든지 회계를 모르고 오늘을 산다는 것은 어쩌면 무모한 삶이다. 항간에는 4차 산업혁명 시대가 도래하면 인공지능이 알아서 다 해결해주기 때문에 회계가 필요 없어진다고 한다.

그렇다면 천만 다행이지만, 그러한 추론은 회계에 대한 오해에서 비롯된다. 회계는 세상에서 이루어지는 모든 거래를 숫자화해서 그것을 표현해놓은 일종의 언어수단이다. 회계는 범사회적 약속이자 의사소통수단인 것이다. 그래서 인공지능 시대에는 회계가 필요 없어진다는 말은 언어 자체가 없어질 것이라는 궤변에 불과한 말이다.

사람이 존재하고, 사람 사이에 거래가 존재한다면 당연히 회계를 통해 그 거래에 대해 상호 대화를 나눠야 한다. 마치 돈이 하나의 단어라면, 회계는 문장이라 할 수 있다. 그래서 회계로 무언가를 기록해놓으면 자신은 물론 타인도 그 거래를 이해할 수 있고 심지어 후대에 누군가도 그 거래를 이해할 수 있게 된다. 회계가 어렵든, 그렇지 않든 중요한 건 다음의 사실이다.

'회계를 알아야 누군가와 대화할 수 있다.'

회계는 몰라도
재무제표만 보면 된다?

회계가 어떻게 돌아가는지 전무한 상태에서
재무제표를 본다는 것은 수박겉핥기다.

주식투자자와 같이 재무제표의 사용자 입장이라면, 회계는 몰라도 되고 재무제표만 볼 줄 알면 된다는 얘기도 있다. 자동차에 비유하자면 사용자는 운전할 줄 알면 충분하지 자동차의 내부 구조에 대해서는 전혀 몰라도 된다는 입장이다.

그러나 이는 잘못된 비유이다. 자동차야 내부 구조를 몰라도 운전을 할 수 있지만, 재무제표는 그 속사정을 모르고 보면 수박겉핥기와 전혀 다르지 않다. 즉 재무제표를 본다고 해서, 그 속사정까지 제대로 파악되는 것은 아니다.

회계를 모르면 재무제표도 모른다

예를 들어 다음과 같은 뉴스 기사가 나왔다고 하자.

'삼미 바이오가 비용성격의 연구비를 자산 항목의 개발비 항목으로 과대계상해 비용을 과소 보고했다.'

위 뉴스 기사는 누가 봐도 난해하다. 자산이나 비용이라는 말은 들어본 것도 같다. 아마도 회사가 자산을 부풀리고 비용을 줄여 회계 처리했다는 것 같기도 하다. 그렇지만 자산과 비용이 서로 무슨 관계인지 잘 모르겠다.

당신이 재무제표를 대충 이해하고 있다고 하자. 회사에 특별한 관심이 있어 재무제표를 어렵게 구해서 살펴본다. 무형자산 중 개발비 2조 1천억이 보이고, 연구비는 2천억이 보인다고 하자. 뉴스 기사는 회사가 무형자산인 개발비를 높이고 비용인 연구비를 줄인 것으로 이해된다. 회사가 '연구개발 투자를 하면 그 돈이 비용이 될 수도 있고 자산이 될 수도 있다'라는 사실이 언뜻 수긍이 가기도 한다. 만일 우리가 재무제표를 대충 알고 있다면 거기까지가 다다. 딱히 더 이상의 생각은 떠오를 것이 없다.

그런데 여기서 '왜 그런가?' 또는 '회사가 무엇을 했기에 그렇게 되는 건가?'에 대해 질문해보자. 이에 대한 답은 오리무중이다.

즉 '재무제표를 단순히 보이는 대로 보는 것'은 그냥 수박겉핥기인 것이다. 재무제표에서 어떤 사건과 연유를 추론해내고 정보를 얻어내는 것은 다른 문제다.

회계가 어떻게 돌아가는지 전무한 상태에서 재무제표를 본다는 말은 사실은 불가능하다. 기업의 속사정을 파악하기 위해서는 재무제표뿐만 아니라 회계를 우선 이해해야 한다. 그 다음 완성형체인 재무제표의 부분 부분을 나름 추론해가는 것이다.

3대 기업보고서도
엄연한 재무제표다

당신이 관심 있는 기업의
연차보고서와 애널리스트 보고서를 꼭 읽어보자.

대부분 사람들은 '재무제표'라고 하면, 회사가 주기적으로 공시하는 재무제표만 오직 떠올린다. 그렇지만 그건 몹시도 편협한 생각이다. 재무제표를 교과서라 한다면, 교과서를 잘 설명해놓은 참고서가 분명히 있다. 그건 바로 '3대 기업보고서'이다.

3대 기업보고서의 도움 없이 재무제표를 모두 이해하려고 한다면, 이는 오만한 생각이다. 심지어 많은 사람들이 재무제표라는 이름은 들어보았지만, 3대 기업보고서의 존재 자체도 모르는 경우가 많으니 당혹스럽다(그런데 놀랍게도 대학의 상경계생조차 이러한 기업보고서를 모르는 사람이 많다).

3대 기업보고서의 도움을 받자

'3대 기업보고서'는 연차보고서, 사업보고서, 애널리스트 보고서를 말한다.

첫째는 연차보고서(Annual Report)다.

연차보고서는 많은 회사가 웹사이트에서 IR(Investor Relations)정보로 제공하고 있다. 해당 회사의 'IR이나 투자자 정보'로 접근하면 연차보고서를 다운받을 수 있다. CEO는 항상 주주의 눈치를 봐야하기 때문에, 회사 주주들에게 경영을 열심히 하고 있음을 알려주고 싶어 한다. 이러한 관점에서 CEO는 연차보고서를 통해 주주들에게 회사의 당해 활동과 재무실적에 대한 정보를 제공한다. 즉 연차보고서는 회사 스스로가 재무제표를 중심으로 회사의 전략, 경영활동 및 재무실적에 대해 상세히 공시하는 보고서이다.

둘째, 사업보고서다.

기업의 사업보고서를 봐야 정확한 사업 내용을 알 수 있다. 물론 사업내용을 알아야 재무제표도 읽을 수 있다. 사업보고서의 형식은 대체로 동일한데, 특히 사업보고서 중 'II. 사업의 내용'을 읽어보면 된다. 사업보고서는 회사의 웹이나 금감원 전자공시시스템 DART(https://dart.fss.or.kr)에 공시되어 있다.

셋째, 애널리스트 보고서다.

기업이 주식시장에 상장되어 있으면, 각 증권사는 각 기업에 대한 애널리스트 보고서를 발행한다. 네이버(http://finance.naver.com/research/company_list.nhn)등 검색사이트에서도 손쉽게 구할 수 있다. 애널리스트가 자신의 이름을 걸고 회사의 재무상태와 재무실적을 분석 및 예측한 결과를 제시한다. 회사 밖에서 제 3자의 입장에서 애널리스트보다 해당 회사를 공부하는 사람을 찾기는 쉽지 않다. 따라서 당신이 남다르고 싶으면 반드시 애널리스트 보고서를 봐야 한다.

그러니 앞으로는 재무제표에 3대 기업보고서를 포함시키도록 하자. 그렇지만 보다 큰 문제가 있다. 그건 바로 '3대 보고서는 회계를 모르면 읽어낼 수가 없다'는 사실이다.

다시 말하자면, 회계를 알아야 '재무제표'는 물론 '3대 기업보고서'를 읽어낼 수 있다. 그 중 단연코 최고의 위치에 있는 애널리스트 보고서를 술술 읽어낼 수 있다면, 당신은 남다른 위치에서 출발하는 것임을 단언하다.

주식투자와 재무제표 ①: 소문에 따라 주식투자를 한다?

재무제표와 기업보고서를 봐야만
기업을 정확히 알 수 있다.

　여기 너무나도 예쁜 꽃이 있다. 사람들은 이 꽃을 너무나 좋아하고 다들 꽃 얘기만 한다. 그 꽃은 근래에 천정부지로 값이 치솟을 것이라는 소문이 난무하다. 그래서 비싼 값을 치르고서라도 그 꽃을 당장 사고 싶어 한다.

　만약 그 꽃의 가격이 당신의 전 재산에 이른다면, 당신은 그 꽃을 사기위해 전 재산을 지를 수 있는가? 꽃이 언젠가 시들어 쓰레기가 될지언정, 모두가 값비싼 대가를 두려워하지 않으니 당신도 두려워할 필요가 없을까?

　빨리 사서 시들기 전에 재빠르게 되팔아도 큰 수익이 되니 위험을 감수해볼 만하지 않을까. 꽃 한 다발을 어떠한 이유로든 당신의 전 재산과 맞바꾼다고 한다면, 그건 용기일까 아니면 무모함일까.

만약 꽃 한 다발에 전 재산을 투자하는 게 무모함이라 생각된다면, 비단 꽃이 비싸기 때문은 아닐 것이다. 그건 그 꽃의 본질을 무시했기 때문이다. 꽃의 실체에 대해 아무런 관심 없이 전 재산을 투자하려했기 때문에 무모한 것이다.

기업을 알려면 재무제표는 필수다

주식투자도 마찬가지다. 기업에 대한 소문이나 뉴스 또는 남의 말만 믿고 주식투자를 한다면, 그 비싼 꽃을 사는 행위와 크게 다르지 않다. 꽃의 실체를 외면하면서 값비싼 돈을 지불하는 것과 기업에 대해 잘 모르는데 남의 말만 듣고 주식을 사려는 것은 본질적으로 전혀 다르지 않다.

그래서 주식투자자는 기업에 대해 알아야 한다. 재무제표에는 기업의 실적뿐만 아니라 사실적인 많은 정보를 담고 있다. 재무제표에 대한 경영자의 책임은 막중해, 만약 허위를 담는다면 처벌을 면하기 어렵다. 기업에 대한 많은 실체적 정보가 바로 재무제표에 담겨있다. 기업을 알기 위해선 무엇보다도 재무제표를 봐야 한다.

앞서 3대 기업보고서도 엄연한 재무제표라 했다. 주식투자자 입장에서는 재무제표라는 교과서 외에도 반드시 연차보고서, 사업보고서 및 애널리스트 보고서라는 훌륭한 참고서를 함께 살펴봐야 한다. 3대 기업보고서는 단순히 재무제표만을 보여주는 것이 아니라 우리가 궁금해 하는 내용들을 잘 설명해준다. 예를 들면 '재무제표안의 숫자가 무엇을 의미하는지', '어떠한 이유로 그러한 숫자가 나타났는지', '앞으로 어떠한 숫자가 예측되는지'를 말해준다. 무엇보다 증권회사에서 발행하는 애널리스트 보고서는 제3자적 입장에서 회사가 당면하고 있는 상황과 예상되는 실적을 면밀히 분석해 보여준다. 수학으로 말하자면 단연코 '수학의 정석'의 위치이다.

그래서 주식투자자가 기업에 대해 알고자 한다면, 반드시 3대 기업 보고서를 포함한 재무제표를 끼고 살아야 한다. 분명한 건, 우리가 재무제표를 벗으로 삼고 있다는 것은 남과는 차원이 다르게 기업에 대해 알아가고 있다는 뜻이다.

다음은 세계적인 투자자인 워런 버핏의 말이다.

"어떤 사람은 플레이보이를 읽지만 나는 재무제표를 읽는다. 투자자라면 기업의 재무제표와 기업보고서를 읽어야 한다."[1]

---

1 메리 버핏·데이비드 클라크. 2010.

주식투자와 재무제표 ②: 주식부자는 재무제표를 본다

주식부자들은 냉정한 눈으로 재무제표를 본다.
그리고 재무제표로 계속 기업을 워칭한다.

워런 버핏이 주주들에게 보낸 편지의 한 구절이다.

"한 회사에 대해 우리가 과연 정확히 분석했느냐가 옳고 그름을 좌우할 것이다. 우리는 명품기업만을 선별할 것이며 그래서 재무제표를 본다."

그리고 그는 그만의 투자원칙을 강조한다.

"버크셔헤서웨이가 보유한 기업들은 변화가 없다. 이들 사업에 대해 새롭게 보고해야 할 내용이 없다는 것은 결코 나쁜 일이 아니다. 변화가 극심할 때 이익을 기대하기란 어려운 일이다. 사람들은 보통 상당한 변화를 맞을 것으로 보이는 생소한 사업에서 높은 성장성을 기대하고 프리미엄을 주고 과감히 주식을 산다. 이런 비현실적인 투자자들은 마치 상대가 누구인지 관계없이 무조건 소개팅으로 새롭게 만나는 사람과 사귀는 것을 선호할 사람이다."

워런 버핏뿐만 아니라 세계적인 주식부자들은 모두 한결 같이 동일한 주식투자 원칙이 있다. 놀랍게도 간단하다. '주식부자들은 무조건 재무제표를 본다. 그리고 알짜 기업을 발굴해 장기간 투자해 수익률을 극대화한다.'

재무제표로 기업을 계속 워칭하자

재무제표는 허위로 작성되지 않는 한, 그 속에 진리가 있다. 재무제표는 분명히 회사의 영업과 실적에 대해 많은 것을 말하고 있다. 그래서 주식부자들은 반드시 재무제표를 본다.

훌륭한 주식도 사놓고 마냥 기다려서는 안 될 일이다. 주식을 사놓고 거들떠 보지도 않는 것과 재무제표를 통해 기업을 계속 '워칭(Watching)'하는 것은 다르다. 하루하루 변화하는 주식시세에 매달리는 대신, 재무제표를 주기적으로 워칭하면서 기업에 대한 관심을 꾸준히 가져야 한다.

개미들은 매일 시시각각 변화하는 시세에 집착한다. 그래서 주식 시세에 따라 일희일비하다가 이성을 잃고 많은 손실을 본다. 기업의 재무제표를 주기적으로 워칭하면서 한 발짝 멀리 떨어져서 차분히 관찰하게되면, 기업의 미래와 실적이 자연스레 보인다. 성공적인 투자를 위해선 당신만의 야성적 충동이 필요하겠지만 냉정한 눈이 더욱 절실하다.

주식투자와 재무제표 ③:
어떻게 워칭할까?

오늘부터 주식시세는 알 바가 아니다.
대신 분기별 재무제표를 끼고 살자.

　어떤 주식을 샀다면, 대개의 투자자는 사고 난 다음 시세를 보기 시작한다. 다음 날도 그러하고, 그 다음 날도 시세에 집착하기 시작한다. 자신으로서는 거액의 자금을 들여 투자했으니 매순간 시세에 관심이 갈 수밖에 없다. 인간으로서 돈에 집착이 없다고 한다면 그건 거짓말일 것이다.

　그렇지만 애초에 주식을 살 때 진짜 주주의 마음으로 사야 한다. 주식을 살 때부터 주주로서 똑바로 경영을 하는지를 지켜볼 각오를 해야 한다. 주주로서 주식을 샀으니 매순간의 주식 시세를 볼 게 아니라 경영활동을 예의주시해야 한다.

　기업이 경영을 잘하면 단기적 시세는 출렁일 수 있어도 장기적으로는 주가는 오른다. 당신이 기업의 주식을 사게 되면 '기업이 경영을 잘하고 있는지'를 감시해야 한다. 그건 회사의 주인으로서 의무이기도 하다.

주주로서 재무제표를 워칭하자

주주로서 경영활동을 감시하는 방법은 바로 분기별로 발표되는 재무제표를 워칭(Watching)하는 것이다. 사업보고서는 분기별로 발표되며, 그 안에 재무제표를 포함하고 있다. 각 증권사의 애널리스트들이 분기별 실적을 예측하고 사업 동향을 알리기 위해 주기적으로 애널리스트 보고서를 발행한다. 이 안에도 일종의 예측 재무제표가 포함되어 있다.

우리가 재무제표를 워칭할 때, 무엇보다 '기업의 본질적인 가치가 오르고 있는가? 아니면 그렇지 않은가?'에 집중해야 한다. 기업가치(또는 주가)와 직결되는 재무제표의 각 요소를 보면서 동 지표들이 기존보다 나아지는지 아니면 나빠지는지를 파악할 수 있다(6장에서 자세히 살펴볼 예정이다).

당신이 일단 기업의 주식을 사서 주주가 되었다면, 실시간 주가는 버려야 한다. 왜냐하면 진정한 주주는 투기꾼이 아니기 때문이다. 신념을 가지고 어떤 기업의 주식을 사서 주주가 되었다면, 정당한 주의 의무를 다하면서 지켜봐야 한다. 그게 바로 당신만의 정의(Justice)이다.

주식을 사서 매순간 변화하는 시세를 집착하는 행위는 투기꾼과 다르지 않으며, 원하는 시세 차익을 얻기도 쉽지 않다. 왜냐하면 시장과 주변의 분위기에 뇌동매매를 하기 마련이고, 뇌동매매에는 선물이 없기 때문이다. 투자로부터의 선물은 인고의 시간으로부터 얻을 수 있다.

그렇지만 한번 선택한 주식이니 마냥 기다리라는 뜻은 아니다. 단지 주주의 마음으로 주식 시세가 아닌 분기별 재무제표에 집착해야 한다. 더 중요한 것은 기업의 본질적 가치를 워칭해야 한다는 것이다. 시장에서 실시간 거래되는 '주가'가 아니라 '기업의 본질적 가치'에 온통 관심을 갖자.

회계가 시작부터 꼬이는 이유는 간명하다. 복잡한 회계공식을 외우기 시작해 모든 거래를 암기하기 때문이다. 회계는 현금입출과 크게 다를 바 없다. 현금입출은 간단하다. '현금'이 들어오면 현금출납장의 왼편에, '현금'이 나가면 현금출납장의 오른편에 기록하는 것이다. 여기서 '현금' 대신에 '재산'을 적용하면 그게 바로 '회계'다. 그렇지만 회계와 현금입출은 분명히 다른 점들이 있고, 우리는 이렇게 다른 점들만 주목하면 충분하다(바로 '비용'과 '수익' 항목이 대표적 예다). 그러니 회계의 커다란 맥락을 물 흐르듯이 자연스럽게 받아들이면서, '현금입출의 논리'와 다소 다른 부분에 조금만 관심을 갖는다면 어렵지 않게 회계의 문을 열 수 있다.

2

진실로 쉬운
회계의 정석

회계 첫걸음부터
암기해야 한다?

회계를 시작부터 외우지 말자.
그러니 복잡한 회계공식들은 당장 휴지통에 버리자.

　회계를 입문하는 사람들은 '회계등식'과 '거래의 8요소'부터 마치 구구단처럼 암기해야 한다. 이렇게 회계를 암기부터 시작하기 때문에 회계가 어렵다. 아마도 당신이 회계를 한번이라도 접해보았다면 이러한 사정이 새삼스럽지 않을 것이다.

　혹시 회계를 한 번도 접해보지 않았을 당신을 위해 시작부터 뭐가 복잡한 것인지 얘기해보자. 우선, '회계등식'과 '거래의 8요소'가 뭔지를 살펴보자.

　모든 회계 과정을 완료하면 재무제표라는 최종 장부들이 작성된다. 이 중 특히 재무상태표와 손익계산서라는 2개의 중요한 장부가 있다. 이 2개의 장부에는 각각 '회계등식'이 있다.

첫째, 재무상태표의 회계등식이다. 바로 '자산=부채+자본'이다.

둘째, 손익계산서의 회계등식이다. 바로 '이익=수익-비용'이다.

위의 첫 번째 회계등식을 보면, 차변의 자산 항목의 합계는 대변의 부채와 자본 항목의 합계와 같다는 것이다. 당신이 이미 짐작했겠지만, 도통 암호와 같은 소리다.

다음은 '거래의 8요소'를 얘기해보자. 물론 회계등식도 무슨 소리인지 모르겠지만 '거래의 8요소'는 더욱 어렵다. 회계등식에서 언급되는 자산, 부채, 자본, 수익, 비용의 조합해 상호 증감관계를 표시하면 '거래의 8요소'가 나온다. 예를 들면 이렇다. 자산이 증가하면 차변에, 자산이 감소하면 대변에 기록한다. 이를 아래 표에 정리해보자.

'거래의 8요소'는 휴지통으로 보내자!

차변	대변
• 자산 증가	• 자산 감소
• 부채 감소	• 부채 증가
• 자본 감소	• 자본 증가
• 비용 발생	• 수익 발생

이 '거래의 8요소'가 무슨 소리인지 몰라도 일단 암기를 해야 한다. 그래야 회계에 발을 디딜 수 있게 된다. 이렇듯 회계 과목은 '외우라고 하면 아무 생각 없이 외워야 하는' 지식 깡패(?)처럼 느껴진다.

모두가 회계만 생각하면 골치 아프다. 그 이유는 이처럼 복잡하기 그지없는 회계의 기본 원리들을 무조건적으로 암기하기 때문이다.

　필자가 처음부터 복잡한 회계등식을 운운하는 것은 무조건적 암기로 시작하지 말자는 얘기다. 앞으로 회계를 외우려는 생각은 버리자. 그래서 거래의 8요소부터 당장 휴지통으로 던져야 한다.

현금입출과
회계가 다르다?

'단식부기와 복식부기는 동일하다'는 관점에서
회계를 심플하게 시작해보자.

　회계는 복식부기가 근간이다. 중세 이탈리아의 해상무역상이 복
식부기를 사용하기 시작했다고 알려져 있는데, 루카 파치올리(Luca
Pacioli)가 1494년에 복식부기의 원리를 처음으로 문서에 체계적으로 기
술했다고 한다.

　대부분의 거래에서 현금 입출이 중요하므로, 모든 이들이 자연스레
자신의 장부에 현금 입출을 기록해왔을 것이다. 그렇지만 자신의 현금
장부에는 오직 현금 입출만 기록되어 있을 뿐 다른 재산에 대한 내역
은 없을 것이다.

　만약 상인이라면 자신의 상품에 대한 입출 내역을 현금 장부로는 알
수 없기 때문에 그 역시 따로 기록해야 할 것이다. 그래서 현금뿐만 아

니라 다른 재산의 입출 등을 효과적으로 기록하기 위해 복식부기가 탄생했다.

현금입출과 회계는 똑같은 논리다

이처럼 현금 입출을 기록하는 방식을 '단식부기'라고 하고, 현금뿐만 아니라 다른 재산까지 기록하는 하나의 방식을 '복식부기'라 할 수 있다. 소위 '현금출납장'은 단식부기에 뿌리를 두고 있고, '회계장부'는 복식부기에 뿌리를 두고 있다.[1] 쉽게 생각해 '단식부기=현금출납장, 복식부기=회계장부'라고 해두자.

누구든지 '현금출납장'은 손쉽게 기록한다. 현금 유입과 유출을 분리해서 장부에 기록하면 된다. 예를 들어 현금이 들어오면 장부의 왼편에 적고, 현금이 나가면 장부의 오른 편에 적는 것이다.

그런데 '회계장부'를 작성하고자 할 때는, 단순히 뭔가가 들어오면 장부의 왼편에, 뭔가가 나가면 오른편에 적는 게 아니다. 이때에 통상 복잡한 공식에 따라 거래를 기록하게 된다. 이미 말했지만, 이러한 복잡한 공식은 무조건 외워야 했다.

필자는 이렇게 회계장부를 작성하기 위해 복잡한 공식부터 암기하는 것은 접근이 잘못되었다고 단언한다. 단식부기와 복식부기가 완전

---

1 '회계장부'는 회계에서 사용되는 모든 장부를 의미한다. 재무상태표, 손익계산서와 같은 재무제표도 이러한 회계장부의 일종이다.

히 다른 것처럼 접근하기 때문에 복식부기가 안 보인다. 즉 회계의 올바른 시작은 '단식부기와 복식부기가 동일하다'라는 시각에서 이루어진다.

어렵게 생각하지 말자. 현금입출과 회계는 똑같은 논리다.

현금출납부터
해보자

현금이 들어오면 현금출납장의 왼편(차변)에,
현금이 나가면 현금출납장의 오른편(대변)에 기록한다.

　우리 모두는 부지불식간 현금출납의 개념에는 익숙하다. 여기선 현금출납장의 원리를 간단히 살펴보자.

　현금출납장의 원리는 '현금이 들어오면 장부의 왼편에 기록하고, 현금이 나가면 오른편에 기록한다'이다. 이 쉬운 원리('단식부기의 원리')를 굳이 정의하자면 다음과 같다.

　'현금이 들어오면 왼쪽(차변)에, 현금이 나가면 오른쪽(대변)에 기입한다.'[2]

2　여기서 모든 장부의 '왼편'을 '차변(借邊)'이라 하고, '오른편'을 '대변(貸邊)'이라 하자. 원래는 차변과 대변이라는 용어는 복식부기의 원리에 따른 회계장부에서 사용한다.

단식부기의 원리를 이해하자

이러한 단식부기의 원리를 아래와 같은 현금출납장에 표시해보자.

현금출납장

차변	대변
• 현금이 들어오다	• 현금이 나가다

그럼 간단한 예시를 보자.

다음의 예 1)과 2)이다. 누군가로부터 돈을 받으면 그 돈을 차변에, 누군가에게 돈을 지급하면 그 돈을 대변에 적는다.

예 1) A로부터 현금 1,000원을 받았다.

차변) 현금 1,000원

예 2) B에게 현금 2,000원을 지급했다.

대변) 현금 2,000원

위와 같이 현금이 들어오거나 나가면 현금출납장의 차변과 대변에 각각 기록하면 된다.

당신이 현금출납장을 사용해본 적도 없고, 심지어 어디서 현금출납

장을 본 적도 없을 것이다. 그렇지만 본능적으로 들어오는 돈이 우선
이니 왼편에 적고, 나가는 돈이 그 다음이니 오른편에 적는다는 생각
이면 그게 다다.

복식부기는
도대체 뭐지?

복식부기의 원리는 간단하다. 자산이 들어오면 회계장부의 차변에,
자산이 나가면 회계장부의 대변에 기록하는 것이다.

복식부기는 '재산이 들어오고 나가는 것을 모두 기록하는 것'이다.
복식부기는 현금의 유출입 이외에도 모든 재산의 유출입을 관리하고
자 탄생했다. 그래서 복식부기는 '재산이 들어오고 나가는 것을 모두
기록하는 것'이라 할 수 있다.

여기서는 재산에 대한 엄밀한 정의는 나중으로 미루자. 당신이 알고
있는 그런 재산 개념으로 보면 무방하다.

복식부기의 원리를 이해하자
우선 현금출납을 다시 한번 보자. 앞서 등장했던 예 1)과 예 2)이다.

예 1) A로부터 현금 1,000원을 받았다.

> **차변) 현금 1,000원**

예 2) B에게 현금 2,000원을 지급했다.

> **대변) 현금 2,000원**

위와 같이, 현금이 들어오거나 나가면 현금출납장의 차변과 대변에 각각 기록하면 된다.

복식부기도 현금출납과 크게 다르지 않다. '현금'을 '재산'으로 바꾸어 생각해보자. 재산이 들어오거나 나가면 회계장부의 차변과 대변에 각각 기록하면 된다.

복식부기의 원리를 군이 다시 써보면 아래와 같다.

'재산이 들어오면 차변에, 재산이 나가면 대변에 기입한다.'

이 복식부기의 사상은 바로 '얻는 것이 있으면, 잃는 것이 있다'는 페어 게임(Fair game)의 원리이다. 절대로 공짜가 없다는 논리이다. 어떤 재산을 얻으면 차변에 그 가치(금액)를 기입하고, 반대급부로 다른 재산을 잃으면 대변에 그 가치(금액)를 기입하게 된다. 그래서 어떤 거래가 발생하면, 모든 증가하는(들어오는) 재산은 차변에, 모든 감소하는(나가는) 재산은 대변에 기입하게 된다.

예 3)을 보자.

예 3) A에게 자동차를 판매하고 현금 1,000만원을 받았다.

차변) 현금 1,000만원	대변) 자동차 1,000만원

위 예에서, A에게 현금을 받았으니, 차변에 현금을 적는다. 동시에 내 재산인 자동차를 주었으니 대변에 자동차를 적는다. 이와 같이 복식 부기는 한마디로 재산이 증가하면 차변에, 재산이 감소하면 대변에 적기로 한 것이다. 이 재산이라는 것이 바로 회계에서 말하는 '자산 (Asset)'이다.

회계를 처음 접하게 되면, 복식부기가 현금출납하고 크게 다른 개념인 것처럼 보이니 어렵다. 현금이 자산으로 바뀌는 것으로 보면 되니, 복식부기도 간단하다. 들어오는 재산이 우선이니 왼편에 적고, 나가는 재산이 그 다음이니 오른편에 적는다는 생각이면 족하다.

자산은
도대체 뭘까?

어떤 경제적 가치의 증분(유입)이 확실할 때 그 증분(유입)을 자산으로 차변에 기록한다.
반면 그 자산이 유출될 때는 자산을 대변에 기록한다.

앞에서 단식부기는 '현금의 입출(入出)'을 기록하는 것'이라고 정의했다. 이와 달리 복식부기는 현금이 아닌 '자산의 입출'을 기록하는 것이다.

일반적 정의에 의하면, 자산은 '유형·무형의 물품·재화나 권리와 같은 가치의 구체적인 실체(實體)'로 정의된다(두산백과). 회계학적 정의에 의하면, 자산은 '미래에 경제적 효익을 가져다주는 자원'[3]이다. 이 경우 미래의 경제적 효익의 유입은 거의 확실시되고 그 금액을 합리적으로 추정할 수 있어야 한다.

---

3 권수영, 2013, 회계학 이야기, p. 108

어려운 얘기는 이 정도로 각설하고, 경제적 효익의 유입, 즉 경제적 가치의 증가가 확실하면 그 증가분을 자산으로 해서 기록하면 된다. 현재의 가치 증분뿐만 아니라, 미래 어느 시점의 가치 증분이 확실시되면 그 금액을 추정(단, 현재의 가치로 평가가 필요하다)해 자산으로 차변에 기록한다. 반대로 어떤 자산이든 내어줄 때는 대변에 그 자산을 기록하면 된다.

자산은 우리가 아는 '재산'이 맞다

예를 들어, 당신이 누군가로부터 약속어음(3개월 후 지급 조건)을 받았다고 하자. 그 약속어음을 재산으로 기록할까? 현금을 받았다면 이견이 없겠지만, 약속어음은 경우는 따라 다를 수 있다. 만약 3개월 후 돈을 받을 것이 확실시 될 때는 재산으로 기록한다. 그렇지 않고 상대방이 부도를 낼 가능성이 매우 높은 경우 등 불확실할 때는 재산으로 기록하지 않는다.

정리하면, 자산은 재화나 권리 등의 형태를 가지는데, 경제적 가치의 증가나 유입이 확실시될 때 그 가치의 증분(유입)을 자산으로 해 차변에 기록하면 된다. 반면 그러한 자산이 유출이 될 때는 대변에 그 금액(가치)을 기록한다.

다음은 예4)이다.

예 4) A에게 자동차를 판매하고 1,000만원 상당 어음(3개월 후 지급 조건)를 받았다. 단, 어음의 부도 가능성은 희박하다.

차변) 자산(어음) 1,000만원	대변) 자산(자동차) 1,000만원

위 예에서 1,000만원 상당의 지급이 확실한 어음을 받았으니 차변에 그 자산(어음)을 기록하고, 자산(자동차)를 주었으니 대변에 기록하게 된다.

복잡할 것 없다. 자산은 우리가 익히 알고 있는 '재산'이 맞다. 어떠한 형태의 재산이라도 들어오면 차변에 기록하고, 나가면 대변에 기록하면 된다.

부채는
도대체 뭘까?

무언가(자산이든 현금이든)를 얻고 나서 지금 당장 자산을 주지 않고,
나중에 현금 등을 지급하기로 했으면 '부채'로 대변에 기록한다.

어떤 거래로 인해 회사가 자산을 내어주게 되면, 그 자산의 감소를
회계장부의 대변에 기록하면 된다. 그런데 회사가 무언가를 받고 자
산을 내어주는 대신, 나중에 돈을 주겠다고 약속을 한다면 회계에서는
어떻게 기록할까?

이와 같이 '나중에 돈을 주겠다고 약속을 하는 것'을 부채라 한다.
보다 정확히는 '장래에 자산을 양도 또는 용역을 제공해야 하는 현재
의 의무'로 정의된다. 장래에 자산의 감소를 의미하므로, 지금 당장 자
산을 내어주는 것과 본질적으로 차이가 없다.

그래서 회사가 나중에 현금을 주겠다고 약속을 한다면, 자산의 감소
와 마찬가지로 그 금액을 부채로 대변에 기입하게 된다. 소위 계정명

을 '부채'라고 할뿐, 결국 미래에 누군가에게 자산(또는 현금)을 지급해야 하므로 자산의 감소와 다르지 않은 것이다. 여기서 돈을 지급받을 누군가를 '채권자'라 하고, 통상 그 채권자는 다양한 이름의 '채권'을 받게 된다.

나중에 돈을 줄 거라는 의무로 부채를 기록

다음 예 5)를 보자.

예 5) A로부터 현금 200만원을 빌리고, 약속어음(3개월 후 지급조건)을 주었다.

차변) 현금 200만원	대변) 부채(어음) 200만원

위의 예는 현금을 받으면서, 나중에 현금을 지급하기로 한 어음을 주는 거래다. 이때 현금이 들어오므로 차변에 그 금액을 기록하고, 나중에 현금을 지급하기로 했으니 대변에 부채를 기록한다. 통상적인 부채 발생거래는, 예 5)과 같이 현금을 빌리고 나중에 지급하기로 하는 거래이다.

다음은 예 6)이다.

예 6) A가 노트북을 구매했는데, 3개월 후 현금 200만원을 지급하기로 약속한 어음을 주었다.

차변) 자산(노트북) 200만원	대변) 부채(어음) 200만원

위의 예를 살펴보자. 노트북이라는 자산을 받으면서, 당장 자산을 주는 게 아니므로 대변에 자산을 기록할 수가 없다. 대신 3개월 후 돈을 주겠다는 약속(어음)을 주었으므로 부채로 기록하게 된다. 이와 같이 '자산'을 대변에 기록하는 대신 나중에 돈을 줄 거라는 의무로서 부채를 기록하는 것이다.

복식부기의 사상은 '얻는 것이 있으면, 잃는 것이 있다'라는 논리이다. 노트북(자산)을 얻었으니 자산을 차변에 기록하는 것이고, 반대급부로 나중에 현금을 주기로 했으니 '대변'에 '부채'를 기록한다.

쉽게 생각하면, 돈을 당장 주어야 하지만 나중에 주기로 약속한 것이다. 즉 나중에 돈(또는 재산)으로 갚아야 할 의무가 있으면, 그걸 대변에 '부채'로 기록하면 된다.

자본은
도대체 뭘까?

회사가 현금을 받고, 주권을 주면서 부담하는 의무는
'자본'으로 해 대변에 기록한다.

    복식부기는 '얻는 것이 있으면, 잃는 것이 있다'라는 공정게임의 룰
(Rule)을 기록하는 것이다. 그래서 어떤 자산을 얻으면, 자신이 가진 다
른 자산을 주어야 한다.

    만약 어떤 자산(또는 현금)을 얻으면서 자신이 보유한 자산을 주는
대신에, 미래에 현금을 지급하기로 이행약속을 했다면 이를 부채로 기
록해 관리해야 한다.

    자본 거래는 현금을 빌리는 부채 거래와 크게 다르지 않다. 누군가
로 부터 돈을 받고 나중에 그 상당액을 갚기로 한 점에서 부채와 유사
하다. 그런데 자본 거래는 특히 소유주로부터 창업 시나 증자 시 돈을
받아서, 나중에 회사가 청산할 때 회사재산을 다 팔아서 갚기로 한 것

이다. 그래서 나중에 소유주가 청산 재산에 대한 권리를 갖게 되고 이를 '자본'이라 한다.

자본 거래는 소유주(창업주 또는 주주라 할 수 있다)가 돈을 납입하는 형식이지만, 사실상 회사가 소유주로부터 돈을 빌리는 행위로 봐도 무방하다. 왜냐하면 결국 회사가 청산할 때는 재산을 다 팔아서 돈을 갚아야 하기 때문이다.

회사가 모든 거래의 주체이다

자본 거래를 보다 정확히 이해하기 위해서는, 회사와 소유주를 다른 별개로 봐야 한다. 회사와 소유주를 같은 주체로 보기 시작하면, 회계가 꼬이기 시작한다. 회사가 모든 거래의 주체이고, 회계장부의 작성 주체이다. 소유주는 제3의 거래 당사자일 뿐이다.

다음 예 7)를 보자.

예 7) 회사는 주주들로부터 현금 200억원을 납입받고, 주주들에게 주권을 발행했다.

차변) 현금 200억원	대변) 자본 200억원

위의 예 7)과 같은 자본 거래는 주로 창업 시에 발생한다. 물론 창업 이후에도 추가적인 자본 납입, 즉 증자가 이루어질 때도 발생하기도

한다. 위의 예에서 회사가 주주로부터 200억원의 현금을 납입 받았으므로(얻었으므로) 이를 차변에 기록한다. 한편 미래 청산 시에 청산 재산을 팔아 돈을 지급해야 하므로 이를 자본으로 해 대변에 기록하게 된다.

　부채 거래와 자본 거래를 비교해보자. 부채 거래에서는 채권자는 돈을 빌려주고 채권을 받게 된다. 채권은 미래 어느 시점에 돈을 지급받기로 한 증서이다. 반면 자본 거래에서는 회사와의 거래 당사자는 주주가 되고, 이들 주주는 주권을 받게 된다. 주권은 회사가 청산 시 자신의 지분만큼 청산 재산에 대해 권리를 갖는다.

　요컨대 회사와의 거래 당사자가 채권자냐 아니면 주주냐, 또한 회사가 주는 것이 채권이냐 아니면 주권이냐의 차이이다. 어쨌든 권리의 성격만 다를 뿐, 회사의 의무라는 점에서는 동일하다.

　쉽게 생각하면, 창업주에게 돈을 당장 주어야 하지만 나중에 주기로 약속한 것이다. 즉 나중에 회사가 문 닫을 때, 창업주에게 해당 금액을 되갚아야 할 의무가 있고, 그걸 대변에 '자본'으로 기록하면 된다.

이해하기 어려운 거래,
비용의 발생?

잃은 것은 있는데 얻은 자산이 없다면
그것이 바로 '비용'이다.

복식부기에 따르면, 어떤 자산을 얻으면서 자신이 소유한 자산을 주게 된다. 그런데, 내 자산은 분명히 주었는데, 어떠한 자산도 얻은 게 없을 수 있다. 즉 '준 것은 있는데 얻은 것이 없는 듯한' 황당한 경우가 생기기도 하는 것이다. 복식부기는 공정 게임의 룰인데, 공정 게임에 위배되니 황당하다.

회계가 어려워지는 이유는 이와 같은 황당한 경우를 복식부기의 큰 그림에 넣어서 설명하기 곤란하기 때문이다. 그래서 거래를 암기하기 시작한다.

어떠한 지식도 한 궤로 꿰지 않으면 이해가 힘들다. 그러니 이제부터 우리는 불공정한(?) 거래를 한 궤로 꿰어보자.

비용이라는 이해하기 어려운 계정

지금까지 논의한 거래는 자산 거래, 부채 거래 그리고 자본 거래인데, 다행히도 앞으로 얘기할 다소 황당한 거래는 2가지뿐이다. 소위 '비용' 항목이 발생하는 비용 거래와 '수익' 항목이 발생하는 수익 거래가 바로 그것이다.

여기서는 비용 항목에 대해 얘기해보자. 우선 비용은 '특정 회계기간 동안에 발생한 경제적 효익의 감소'로 정의되며, '자산 감소나 부채 증가'를 초래한다고 한다. 이해하기 상당히 어려운 말이다.

흔히 상식적으로는 비용이라 하면, 현금의 유출을 말하기도 한다. 그렇지만 혹시라도 '비용=현금 유출'로 생각하기 시작하면 회계는 미궁으로 빠진다는 것을 유념해야 한다. 비용은 '경제적 효익의 감소'를 의미하기는 하지만, 결코 '현금 유출'과 동의어는 아니다.

어려운 얘기는 이 정도로 하고, 지금부터 비용이 발생하는 거래에 대해 본격적으로 알아보자. 어떤 거래를 하면서 회사 소유의 자산을 주었는데, 회사가 반대급부로서 받은(을) 자산이 없는 상황이다. 이 경우 대변에는 자산을 기록하겠지만 차변에 적을 것이 없을 것이다. 이러한 차변 항목에서 빈칸이 발생하게 되는 황당한 경우가 비용 발생 거래이다.

다음 예 8)을 보자. 당신이 자영업자의 사장인데, 아르바이트생에게 주급을 현금으로 지급했다고 하자. 이 경우 분명히 현금은 주었는데 마땅히 받은 자산이 없다.

예 8) 치킨집 사장인 당신이 아르바이트생에게 주급 300,000원을 지급했다.

차변) 뭘 적지 ???	대변) 현금 300,000원

아르바이트생에게 주급 300,000원을 지급했는데, 과연 당신에게 들어올 자산이 있는가? (지금까지 논의한 바로는 모든 거래의 차변 항목에는 자산을 기록해야 한다). 당장 딱히 떠오르는 자산이 없다.

좀 더 깊이 생각해보면, 지난 한 주 동안 아르바이트생의 땀(?) 즉 노고를 받은 것이 있기는 하다. 그렇다. 분명 얻은 것이 있었다. 그건 과거에 이미 수행된 아르바이트생의 노고이다. 현금을 지급하면서 지금 현재 반대 급부의 자산을 받는 것은 아니지만, 이미 아르바이트생의 노고를 받은 것이다.

어쨌든 현재의 관점에서 보자. 어떤 자산을 준 건 분명한데, 반대급부로 현재나 미래에 획득한(할) 그래서 '차변에 기재할 자산'은 없다. 이처럼 반대급부로 현재나 미래에 획득할 자산이 없다면 바로 그게 '비용'이다.

반대급부로 차변에 기재할 자산이 없는 경우는 2가지뿐이다. 첫째는 위의 예처럼 과거에 이미 받은 용역(노고)이 있는 경우이다. 다른 경우는, 받을 자산이 진실로 없는 경우이다.

여기서 과거에 어떤 노고를 받았든 아니면 그렇지 않았든 간에 회계적으로는 동일 사건으로 본다. 마땅히 들어와야 할 자산이 사라졌다는 점에서 동일한 것이다. 회계는 물리적 사건이나 거래만 인식하므로 보이지 않는 무언가를 잡아낼 수는 없으니 이상할 것이 없다.

다시 예 8)의 치킨집으로 돌아오자. 당신의 소중한 현금(아르바이트생 주급)이 나갔으면, 어떤 자산을 받아야 하는데 받은 게 없다. 받아야 할 무언가가 사라졌다는 것이다(실질을 떠나 자산이 안 보이는 데 유념하자). 이처럼 사라진 만큼의 금액을 비용으로 해 차변에 기록한다.

예 8) 치킨집 사장인 당신이 아르바이트생에게 주급 300,000원을 지급했다.

차변) 비용 300,000원	대변) 현금 300,000원

차변 항목에 대해 두려워하지 말자

자, 이제 비용이라는 이해하기 어려운 계정을 차변에 기록할 수 있었다. 가벼운 마음으로 한 가지 메모만 추가해보자. 당신이 마땅히 받아야 할 자산이 사라졌으니 누구 때문(?)인지 추적해 옆에 메모해놓자. 다음과 같다.

차변) 비용 300,000원(아르바이트생)	대변) 현금 300,000원

정리해보자. 잃은 대가로 어떤 것을 얻어야 한다. 어떤 것을 얻었다면 자산에 기록하면 된다. 그런데 얻은 것이 없다면 그게 바로 비용이다. 결국 회계에서 차변 항목에 기록될 항목은 오직 2가지뿐이다. 바로

자산 아니면 비용이다. 그 외에는 없다.

주의해야 할 것은 비용은 '공(空) 자산(공허한 자산)'을 의미하는 것이지 그 자체가 현금 유출을 의미하는 것은 아니라는 점이다. 비용 자체를 현금 유출로 오인할 때 회계는 꼬인다. 많은 사람들이 비용과 현금 유출을 혼동한다. 현금유출은 현금을 주는 것이고, 비용은 받은(받을) 것이 없는 것이다.

앞으로는 차변 항목에 대해서 더 이상 두려워할 필요가 없다. 무언가를 제공했는데, 반대 급부로 얻은 자산이 있거나(자산으로 기록), 딱히 획득한 자산이 없이 공허한 경우(비용으로 기록)가 차변의 모든 것이다.

수익도 역시나
이해하기 어려운 거래?

어떤 자산은 얻었는데,
반대급부로 이행할 자산도 의무도 없다면 '수익'이다.

　수익 발생거래는 비용 발생거래의 반대의 경우로서 이 역시 다소 황
당하다. '어떤 자산을 얻었는데 준(줄) 것이 없는 경우'다.

　복식부기의 정신은 '얻는 것이 있으면 잃는 것이 있다'이다. 어떤 자
산을 받았으면, 반대급부로 회사 자산을 주거나 향후 지급 약속을 해
야 한다.

　회사 자산을 내줄 경우는 자산을 감소시키면 된다. 즉 대변에 자산
을 기록하면 된다. 만약 자산을 내주지 않고, 나중에 돈을 지급할 거라
고 약속을 하면 그 의무를 '부채 또는 자본'으로 기록한다. 여기서 부
채는 채권자에 대한 의무이행 약속이고, 자본은 주주에 대한 의무이행
약속이다.

회계는 물리적 사건이나 거래만 인식한다

그런데 회사가 어떤 자산을 받았는데, 반대급부로 어떤 자산을 주지도 않고 또한 미래에 돈을 지급하기로 약속도 하지도 않은 경우가 있다. 그래서 이번에는 대변 항목이 공허(空虛)해진다.

아래 예 9)을 보자. 당신은 세무사인데, 의뢰인의 소득세를 계산 및 신고해주고 현금 800,000원을 받았다고 하자.

예 9) 세무사인 당신이 소득세 신고를 해주고 의뢰인으로부터 800,000원을 받았다.

차변) 현금 800,000원   대변) 뭘 적지 ???

당신이 의뢰인에게 수수료 800,000원을 받았는데, 준 자산도 없고 향후 돈을 주기로 한 약속도 따로 하지 않았다. 물론 깊이 생각해보면, 지난 1주일 동안 당신의 전문가적 노고가 있었다. 그건 '과거에 이미 준 것'이다.

그렇지만 물리적으로 자산을 주거나 어떠한 이행 약속을 하지 않았다면 회계는 물리적 사건이나 거래만 인식하므로 보이지 않는 무언가를 잡아낼 수는 없다. 즉 과거에 어떤 수고를 했든 아니면 그렇지 않았든 간에 회계학적으로는 현재나 미래의 경제적 희생이 없다는 점에서 무의미하다.

예 9)를 보면 다른 사람의 현금을 받았으면, 어떤 자산을 내주거나 향후 돈을 주어야 할 것인데 그게 없다(과거는 연연하지 말자. 지금 이후만 보자). 당신은 앞으로도 어떤 의무도 없으니 이것이야말로 소위 득템(?)이고 그것이 대변에 기록할 '수익'이다.

예 9)에서 이렇게 득템한 항목을 수익이라고 적어보자.

차변) 현금 800,000원	대변) 수익 800,000원

이렇게 수익 항목을 대변에 기록할 수 있었다. 가벼운 마음으로 한 가지 메모만 추가해보자. 당신이 돈을 공짜로(?) 얻었으니 한번 정도는 생각해봐야 할 것이다. 그 득템이 어떤 일로 기인한 것인지 메모해 놓자. 아래를 보자.

차변) 현금 800,000원	대변) 수익 800,000원 (세무신고 수수료)

수익과 현금유입을 혼동하지 말자

정리해보자. 무언가를 얻었으면, 그 대가로 어떤 것을 주어야 한다. 어떤 자산을 주거나 의무 이행약속을 했다면 그것을 기록하면 된다. 그런데 어떤 자산을 준 것이 없고 앞으로도 어떤 의무도 없다면 그게 바로 수익이다.

역시 유념해야 할 것은 수익 그 자체는 현금유입과 동의어가 아니라는 점이다. 단지 수익은 공허한 의무일 뿐이다. 많은 사람들이 수익과 현금유입을 역시 혼동한다. 현금유입은 현금을 받는 것이고, 수익은 준(줄) 것이 없는 것이다.

앞으로는 대변 항목도 더 이상 두려워할 필요가 없다. 무언가를 받았는데, 반대급부가 공허한 경우는 수익으로 적으면 된다. 이 수익은 향후 어떤 의무도 없다는 '공(空) 의무(공허한 의무)'를 의미한다.

모든 회계는 빅피처 아래에 있다. 빅피처로 보면, 복잡해보이는 수많은 회계 계정들이 지극히 단순하다는 것을 알 수 있다. 즉 회계의 차변과 대변 항목은 우리가 지레 겁먹었던 것처럼 복잡할 것이 없다. 다만 차변 및 대변 항목 중 '비용'과 '수익' 항목처럼 재산의 입출이 명확히 파악되지 않는 항목들이 있는데, 그러한 일부 항목들이 회계를 미궁 속으로 빠뜨릴 뿐이다. 우리는 지금까지의 난해한 암기와 해석을 모두 휴지통에 버리고, '공(空) 자산과 공(空) 의무'라는 다소 파격적인 개념을 통해 명쾌하게 회계를 조망하게 된다. 자, 이제 재무제표가 아름답게 탄생되는 과정을 함께 탐험해보자.

3

회계의
빅피처를
알아야 한다

복식부기의 유형은
이게 다다

차변 항목은 '자산'과 '공(0) 자산'을 기록하고,
대변 항목은 '의무(자본과 부채)'와 '공(0) 의무'를 기록한다.

단식부기는 현금출납을 기록하는 것이고, 복식부기는 모든 자원(Resource)의 유출을 기록하는 것이다. 그래서 과거의 단식부기는 현금 중심접근법(Cash-based approach)라 할 수 있고, 복식부기는 자원중심접근법(Resource-based approach)이라 할 수 있다. 여기서 자원은 어렵게 생각할 필요 없이, '인간 생활 및 경제 활동에 필요한 모든 것'을 통틀어 말한다고 보면 간단하다.

복식부기의 정신은 명백하다. '얻은 것이 있으면 잃는 것이 있다' 또는 '받는 것이 있으면 주는 것이 있다'라는 공정 게임의 룰이다. 세상에는 '공짜이익이 없다'는 엄연한 진실을 말한다.

물론 때에 따라 공정률에 위배되는 듯한 '공(空) 자산'이나 '공(空)

의무'도 발생하기 하고, 복식부기는 이렇게 공허한 자산이나 의무까지도 대등한 입장에서 기록을 한다. 경제적 거래나 실질은 '공짜'가 얼마든지 있을 수 있다. 그러나 회계에서는 '공짜'이든 '값비싼 대가'이든 대등하게 기록을 한다. 즉 복식부기는 모든 거래의 양쪽을 대등하게 본다는 '장부상의 페어게임'인 것이다.

그래서 복식부기에서는 공짜라고 무시하는 게 아니라 대등하게 기록하게 된다. 차변에서 발생하는 '공(0의 값) 자산'을 '비용'이라 기록하고, 대변에서 발생하는 '공(0의 값) 의무'를 '수익'이라 하는 것이다.

복식부기의 차변 항목과 대변 항목

복식부기의 차변 항목과 대변 항목을 다시 살펴보자.

차변 항목에 기록되는 계정은 단 2가지뿐이다. 그건 '자산'과 '비용'이다. 받은 것의 값이 존재하면 '자산'으로 기록하고, 받은 것이 0의 값을 가지면 '비용'이 되는 것이다.

대변 항목에 기록되는 계정도 사실상 2가지뿐이다. 그건 '의무(부채와 자본)'과 '수익'이다. 주는 것의 값이 존재하면 '부채 또는 자본'으로 기록하고, 주는 것이 0의 값을 가지면 '수익'이 되는 것이다. 여기서 부채와 자본은 각각 채권자와 주주에 대한 의무이지만 거래 상대자가 다를 뿐 의무라는 본질은 동일하다.

통상적으로 많이 이루어지는 거래들을 간단히 논의해보자.

차변에 기록되는 항목

우선 차변에 기록되는 항목을 중심으로 살펴보자.

① 회사는 현금을 지급하고, 회사에서 필요한 자산(자동차)을 구입한다.

이는 주 목적이 자산을 구입하는 것이니 자산취득 거래라 할 수 있다. 회계처리(분개)는 다음과 같다.

차변) 자산(자동차) XXX	대변) 현금 XXX

② 회사는 과거에 수행된 용역 활동에 대한 수수료 등을 현금으로 지급한다.

위 거래는 과거에 수행된 용역 활동에 대한 대가를 지급하는 것이고 어떤 자산도 받은 바 없다. 즉 공 자산을 획득하는 것이니 비용발생 거래라 할 수 있다. 회계처리(분개)는 다음과 같다.

차변) 비용(용역수수료) XXX	대변) 현금 XXX

위에서 살펴본 것과 같이 차변 항목에 기록되는 계정은 '자산'아니면 '비용'이다. 비용을 '공(0) 자산'으로 본다면 결국 자산만이 기록되는 셈이다.

대변에 기록되는 항목

다음은 대변에 기록되는 항목을 중심으로 살펴보자.

① 회사는 창업 시에 소유주로부터 현금을 받고, 주권을 발행했다.

회사가 창업 시에 돈을 빌리고 청산 시에 그 돈을 갚기로 했으니 상대방은 '주주'라 명명한다. 이때 발생하는 의무를 기록한 것이 바로 '자본'이다. 그러니 자본발생 거래라 할 수 있다. 회계처리(분개)는 다음과 같다.

차변) 자산(현금) XXX	대변) 자본 XXX

② 회사가 금융회사로부터 돈을 빌리고, 미래에 갚기로 했다.

회사가 돈을 빌리고 미래의 어느 시점에 이 돈을 갚기로 했으니 상대방은 '채권자'라 명명한다. 이때 발생하는 의무를 기록한 것이 바로 '부채'이다. 그러니 부채발생 거래라고 할 수 있다. 회계처리(분개)는 다음과 같다.

차변) 자산(현금) XXX	대변) 부채 XXX

③ 회사는 과거에 수행한 용역 활동에 대해 수수료 등을 현금으로 받았다.

위 거래는 과거에 수행된 용역 활동에 대한 대가를 현금으로 받았지만, 향후 어떤 의무도 없다. 즉 공 의무를 주는 것이니 수익발생 거래라 할 수 있다. 회계처리(분개)는 다음과 같다.

차변) 자산(현금) XXX	대변) 수익(용역수수료) XXX

이처럼 대변 항목에 기록되는 계정은 '의무(자본과 부채)'아니면 '수익'이다. 수익을 '공(0) 의무'로 본다면 결국 의무만이 대변 항목에 기록되는 셈이다.

복식부기를 위한 거래 3가지

지금까지 살펴본 차변 항목의 거래 2개와 대변 항목의 거래 3개, 이것이 복식부기를 위한 거래의 모두이다.

당신은 이제는 복식부기를 독파했으니, 더 이상 '거래의 8요소'이니 뭐니 암기하느라 시간과 노력을 낭비할 필요가 없어졌다.

복식부기의 5가지 유형도 알고 보면 간단하다. 차변 항목을 보면, 재산이 들어왔거나(자산 기록) 들어올게 없는 경우(비용 기록)이다. 대변 항목을 보면, 돈을 주어야 할 경우(자본, 부채 기록)거나 줄 게 없는 경우(수익 기록)이다.

복식부기의 차변을 곱씹어보자: 사내유보 vs. 사외유출

'자산'은 '자산이 회사 내에 간직된다'해서 '사내유보'이고,
'비용'은 뭔가가 사라진 것이고 결국 회사 밖으로 나간 것이므로 '사외유출'이다.

　복식부기의 차변 항목으로 기록되는 계정은 '자산'과 '비용' 뿐이다. 받은 자산이 존재하면 그것을 기록하고, 받은 자산이 0의 값을 가지면 (공 자산이라 표현했다) '비용'이 되는 것이다.

　받은 자산이 존재하면 '자산'인데, 여기서 '존재한다'는 것은 회사 내에 존재함을 말한다. 반면 받은 자산이 0의 값을 가진다는 것은 회사 내로 들어왔어야 할 자산이 어디론가(회사 밖으로) 사라진 것을 의미한다.

차변은 '사내유보' 아니면 '사외유출'

앞서 차변 항목의 유형 2가지를 다시 살펴보자.

[차①] (자산취득 거래) 회사는 현금을 지급하고, 자산(자동차)을 구입한다.

차변) 자산(자동차) XXX	대변) 현금 XXX

[차②] (비용발생 거래) 회사는 과거 용역 활동에 대한 수수료를 현금으로 지급한다.

차변) 비용(용역수수료) XXX	대변) 현금 XXX

[차①]과 같이 자산을 취득하는 거래를 통해, 회사는 결국 자산을 얻고 당연히 동 자산을 회사 내(內)에 간직하게 된다. 이를 다소 어려운 용어로 회사 내에 유보된다고 해 '사내유보(社內留保)'라 한다. 그래서 '자산 획득'은 결국 '사내유보'와 같은 말로 통용될 수 있다. ①과 같이 획득된 자산은 사내에서 유보되어 잘 관리되어야 한다. 소중한 재산이니까 당연한 말이다.

반면 [차②]와 같이 비용발생 거래에서는 회사의 현금은 나가고 공 자산을 받은 것이다. 즉 얻은 게 없으므로 사라진 것이고 결국 회사 밖으로 나간 것이다. 즉 '사외유출(社外流出)'이다. 사외유출의 경우 향후 관리해야할 자산은 없는 셈이다. 대신 소득 없이 소중한 현금이 소모된 것이니 사외유출과 관련해 상세 내역을 기록해놓으면 된다.

　정리하면, 차변에 기록된 계정은 '자산' 아니면 '비용'이다. 이를 바꾸어 말하면, 차변은 '사내유보' 아니면 '사외유출'로 볼 수 있다. 자산이 획득되어 사내에 간직되거나(자산), 어떠한 자산획득 없이 상대방에게 준 자산이 그대로 사외로 유출(비용)되었다는 뜻이다.

　여전히 사외유출이 좀 어려운 개념일 것이다. 그렇지만 비용 그 자체가 현금 유출과 동의어는 아님을 유념해야 한다. 현금 유출과 관련해서는 대변에 기록되어 있다. 차변의 비용은 '공 자산'이자, '사외유출, 즉 사라졌다'라는 기록일 뿐이다. 다시 부언하면, 차변에 '자산'은 재산이 사내에 들어온 것이고 '비용'은 어떤 재산도 사내에 들어오지 않고 사외로 유출되어버린 것이다.

복식부기의 대변을 곱씹어보자:
의무 vs. 득템(?)

'자본 또는 부채'는 각각 주주와 채권자에 대한 '의무'이고,
'수익'은 어떠한 의무도 없으니 일종의 '득템'이다.

　복식부기의 대변 항목으로 기록되는 계정은 '의무(자본과 부채)'와 '수익' 뿐이다. 향후 어떤 지급 의무가 있으면 그 의무를 기록하지만, 어떠한 의무도 갖지 않으면(공 의무라 표현했다) '수익'이 되는 것이다.

　보다 상세히 말하면 다음과 같다. 어떤 자산을 얻으면, 반대 급부로 회사의 자산을 주게 된다. 그런데 반대 급부로 나중에 현금을 주기로 했다면 그것은 '의무'이다. 만약 반대 급부로 미래에 현금(또는 자산)을 지급할 의무가 없다면 그게 '수익'이다.

지급 의무가 없으면 '수익'이 된다

[대①] (자본발생 거래) 회사는 창업 시에 현금을 받고, 주식을 발행했다.

차변) 자산(현금) XXX	대변) 자본 XXX

[대②] (부채발생 거래) 회사가 금융회사로부터 돈을 빌리고, 미래에 갚기로 했다.

차변) 자산(현금) XXX	대변) 부채 XXX

[대③] (수익발생 거래) 회사는 과거 용역 활동에 대해 수수료를 현금으로 받았다.

차변) 자산(현금) XXX	대변) 수익(용역수수료) XXX

[대①]과 같이 창업 시나 증자 시 주식을 발행한 경우, 회사는 청산 시 '주주'에게 청산 재산을 통해 마련한 현금을 지급해야 하는 '의무'가 발생한다.

[대②]에서는 회사 운영에 필요한 자금을 제 3자(채권자가 된다)에게 빌리게 되고, 미래의 어느 시점에 돈을 되갚아야 하는 '의무'가 발생하게 된다.

이처럼 2가지 경우 모두 미래에 현금 지급 의무가 발생하므로 '의무'

이다. 남의 소중한 돈을 빌렸으므로 이러한 의무를 곱씹으면서 미래의 해당 시점에 반드시 그 의무를 이행해야 할 것이다.

반면 [대③]와 같은 수익발생 거래에서는 현금은 받았으나 향후 어떠한 지급 의무가 없다. 그러니 소위 '득템(?)'이다. 잃을 것은 없고 얻은 것만 있으니 그렇다. 그렇지만 이러한 득템이 어떠한 연유로 이루어졌는지에 대해 상세 내역을 기록해놓아야 한다. 잘 기록해놓으면 나중에 유리하다.

정리하면, 대변에 기록된 계정은 '(주주 또는 채권자에 대한) 의무' 아니면 '수익'이다. 즉 회사가 잃은 것에 대해서는 '의무'로 표현되거나 아니면 의무가 없으므로 '득템'이 되는 것이다. 즉 대변의 '자본 또는 부채'는 돈을 나중에 지급해야 할 의무이고, '수익'은 돈을 지급할 어떤 의무도 없으므로 득템이다.

복식부기가
미완성 재무제표로 전환되다

정산표를 '실체 있는 자산과 의무(자본 및 부채)'와 '공(空) 자산과 공(空) 의무'로 분리하면,
각각 '미완성 재무상태표'와 '미완성 손익계산서'가 된다.

　　회사가 모든 거래를 복식부기를 통해 기록하고 나면 할 일이 있다.
그리 어려운 일은 아니다. 바로 차변 항목은 동일한 계정끼리 금액을
합산하고, 대변 항목도 동일한 계정끼리 금액을 합산하는 것이다.

　　우리가 '계정'이라 하면 어려워하는 경우가 많은데, 그럴 필요가 없
다. 지금까지 얘기한 자산, 비용, 자본, 부채, 수익이 바로 계정이다. 물
론 5개의 대계정 아래 회사가 나름대로 하부 계정을 각각 둘 수 있다
(이는 차차 살펴보기로 하자).

　　복식부기의 완료이후, 차변 항목의 동일 계정끼리 금액을 합산하고,
대변 항목의 동일 계정끼리 금액을 합산하면 소위 '정산표'가 만들어
진다.

정산표를 통해 재무제표를 만드는 과정

정산표는 단순히 차대변의 계정별 합산이므로, 아래의 공식이 성립한다.

차변 항목 = 대변 항목

자산 + 비용 = 부채 + 자본 + 수익[1] ································· [식 1]

앞서 우리가 논의한 내용으로 해석해, 다음과 같이 바꾸어보자.

자산 +공(空) 자산 = 의무 + 공(空) 의무 ························ [식 2]

여기서부터가 특히 중요하다. 많이들 어려워하는 부분이니 유념해야 한다.

정산표를 통해 재무제표를 만드는 과정이라 할 수 있다. 정산표를 어떠한 방식으로든 쪼개면서 재무상태표와 손익계산서가 만든다. 통상 이 과정들은 모조리 외워야 한다. 이해는 안 되지만 그게 회계니 그렇게들 한다. 하지만 필자의 논리를 잘 따라오면 자연스레 할 수 있을 것이니 함께 살펴보도록 하자.

---

1 회사의 의무에는 '자본'과 '부채'가 있는데, 이 중 일반 채권자에 대한 지급 의무가 주주에 대한 지급 의무보다 크다. 그래서 정산표 이후부터 재무제표에서는 부채를 먼저 기록하고 그 다음 자본을 적는다.

필자는 정산표의 모든 항목을 [식 2]로 표현했다. [식 2]에서 실체[2] 있는 자산과 의무를 따로 떼어내고 묶고, 공(空) 자산과 공(空) 의무를 따로 떼어내어 묶는다. '실체 있는 자산과 의무'과 '공(空) 자산과 공(空) 의무'를 각각 떼어내면 다음과 같다.

자산 = 의무 ··· [식 3A]

공(空) 자산 = 공(空) 의무 ································· [식 3B]

위 [식 3A]과 [식 3B]를 자세히 살펴보았으면 한다. 2개의 해당 식이 과연 올바른가? 그렇지 않은가?

무심코 지켜보면 두 식이 맞는 것같이 보이기도 한다. 그러나 정산표 단계인 [식 2]에서 '등식(=)'이 성립하는 것이지, [식 2]를 2개로 분리한 [식 3A]와 [식 3B]에서는 모두 등식이 성립하지 않는다.

통상 [식 2]를 2개로 분리하면, 아래의 '부등식(〉, 〈)'이 성립하는 경우가 일반적이다. [식 3A]와 [식 3B]에서 등호를 부등호로 바꾸어 다음 식을 만들자.

자산 〉의무 ··· [식 4A]

공(空) 자산 〈 공(空) 의무 ······························· [식 4B]

---

2 여기서 '실체'에는 물리적 실체를 뿐만 아니라, 경제적 실체도 포함된다. '경제적 실체가 있다'함은 경제적 가치가 0보다 큼을 의미한다.

물론 [식 4A]와 [식 4B]의 부등호 방향이 반대로 되는 경우도 있다. 어쨌든 2개의 식이 부등식이라는 점이 논의의 핵심이다. 여기서는 [식 4A]와 [식 4B]의 부등호 방향을 현행대로 인정하고 계속 진행해보자.

실체 있는 자산과 의무가 묶인 [식 4A]에서는 자산이 의무보다 크므로 차변의 자산금액이 남는다. 반면 공(空) 자산과 공(空) 의무만 따로 묶인 [식 4B]에서는 공(空) 의무가 공(空) 자산보다 크므로, 대변의 공(空) 의무의 금액이 남게 된다.

[식 4A] <u>자산</u> 〉 의무　　　　　　　　 : 차변의 잔액이 남음

→ 미완성 재무상태표

[식 4B] 공(空) 자산 〈 <u>공(空) 의무</u>　 : 대변의 잔액이 남음

→ 미완성 손익계산서

정산표에서 '실체 있는 자산과 의무'를 분리한 [식 4A]는 바로 '재무상태표'를 의미한다. 그렇지만 아직 차변의 자산 금액이 남으므로 '미완성 재무상태표'이다.

정산표에서 공(空) 자산과 공(空) 의무를 분리한 [식 4B]는 바로 '손익계산서'를 의미한다. 마찬가지로 대변의 공(空) 의무의 금액이 남아 있으므로 '미완성 손익계산서'이다.

요약하면, 정산표의 모든 항목에서 '실체 있는 자산과 의무'를 따로 떼어내면 '미완성 재무상태표'가 되고 여기서는 '차변 잔액(자산)'이 남는다. 반면에 '공(空) 자산과 공(空) 의무'를 따로 떼어내면, '미완성 손

익계산서'가 되고 여기에는 '대변 잔액(공 의무)'이 남는다. 즉 정산표에서 자산과 자본·부채를 따로 떼어내고, 수익과 비용을 따로 떼어내면 각각 미완성 재무상태표와 손익계산서가 된다.

재무상태표와
손익계산서가 탄생하다

'미완성 재무상태표'와 '미완성 손익계산서'를 마감하기 위해,
미완성 손익계산서의 대변 잔액(이익)을 미완성 재무상태표의 대변(자본)으로 보낸다.

미완성 재무상태표와 손익계산서에 대한 2개의 부등식을 다시 적어
보자.

  자산 〉 의무(부채 및 자본) ··· [식 4A]

  공(空) 자산 〈 공(空) 의무 ··· [식 4B]

여기서 어려운 수학의 힘을 빌리지 않아도, [식 4A]의 차변의 자산
잔액과 [식 4B]에서는 대변의 공(空) 의무 잔액은 같아야 함을 알 수
있다. 원래 정산표 상에서 차변 합계와 대변 합계가 같았음을 상기하
자. 다음을 보자.

[식 4A] 자산 〉 의무 ································ 차변(자산)의 잔액(①)이 남음

[식 4B] 공(空) 자산 〈 공(空) 의무 ······ 대변(공 의무)의 잔액(②)이 남음

여기서 '차변 잔액 ①=대변 잔액 ②'는 항상 성립한다.

앞으로는 소위 '장부 마감'이라는 것을 해볼 텐데, 미완성의 재무상태표와 손익계산서를 마무리하는 단계라고 할 수 있다. 마감이라는 뜻은 '차변과 대변의 금액을 맞춘다'라는 의미이므로, 미완성 재무제표와 손익계산서의 각각 차변과 대변의 금액을 맞추는 작업이라 할 수 있다.

마감논리와 마감분개

미완성 재무상태표와 손익계산서를 마감하는 논리와 해당 분개를 차례로 살펴보자.

> [마감논리]
> '미완성 손익계산서의 대변 잔액을 잘라낸 다음, 미완성 재무상태표의 대변으로 보낸다.'

즉 [식 4B]에서 '공 자산 〈 공 의무'로 말미암아 남은 대변의 잔액 (②)을 [식 4A]의 대변에 올려주는 것이다. 문제는 '이러한 논리를 어떻게 분개로 표현하느냐'이다.

다음 분개를 우선 살펴보자.

차변 1,000원	대변 1,000원

위 분개의 뜻은 무엇일까? 회계라고 하면 어렵다는 편견을 버리고 간단한 산수로 생각하면 된다. 답은 '차변에 1,000원을 더하고, 대변에 1,000원을 더하라'는 뜻이다. 나아가 좀더 생각해보면, 차변의 1,000원은 '대변 항목 합계에서 1,000원을 차감하라'는 뜻이 될 수도 있고, 대변의 1,000원은 '차변 항목 합계에서 1,000원을 차감하라'는 뜻이 될 수도 있다.

그럼 [식 4B]의 대변 잔액(②)을 [식 4A]의 대변에 올려주는 분개는 어떻게 할까? 미완성 손익계산서의 대변 잔액에서 차감해야 하므로 차변에 기록하고, 미완성 재무상태표의 대변에 붙여야 하므로 대변에 기록한다.

[마감분개]	
차변(미완성 손익계산서) 공 의무 잔액	대변(미완성 재무상태표) 부채 or 자본(?)

위 마감분개를 그림으로 표시해보면 다음과 같다.

미완성 손익계산서

차변	대변
비용 (공 자산)	수익 (공 의무)
	수익 (공 의무, 이익)

미완성 재무상태표

차변	
	부채
자산	자본

위에서 미완성 손익계산서의 대변의 공 의무(수익 계정) 잔액을 '이익'이라 명명하는데, 이러한 '이익'을 미완성 재무상태표의 대변으로 이동시킬 때는 '자본(세부 계정은 이익잉여금이다)'에 붙인다(왜 자본에 붙이는지는 차차 논의하자).

> **[마감분개]**
> **차변(미완성 손익계산서) 수익(이익)   대변(미완성 재무상태표) 자본(이익잉여금)**

마감분개는 강제적이고 인위적인 분개

앞으로 위의 '마감논리'에 따라 '마감분개'를 수행하더라도 이는 일상적 거래를 기록하는 것이 아님에 유의해야 한다. 단지 인위적으로

두 재무제표의 차변과 대변을 맞추는 행위이므로 강제적 분개로 보면 좋겠다. 즉 작성자에 의한 강제적이고도 인위적인 분개인 것이다.

정리하면, 미완성 재무상태표와 손익계산서를 동시에 마감하기 위해서, 미완성 손익계산서의 대변 잔액(이익)을 잘라낸 다음, 미완성 재무상태표의 대변(자본)으로 보낸다.

지금까지 복잡하게 설명했지만 이것만 기억하자. 미완성 손익계산서의 잔액을 그대로 미완성 재무상태표로 이전시키면 두 장부가 마감된다.

풀리지 않는
2개의 수수께끼 ①

'재무상태표'는 지속적으로 관리해야할 모든 '자산과 의무'를 표시하고 있고,
'손익계산서'는 한 해 동안 '재산의 획득과 상실'에 관한 정보를 담고 있다.

복식부기 수행단계에서 재무제표 작성 단계로 오게 되면, 많은 이들이 재무제표 작성 과정들을 모조리 외운다. 물론 재무제표 작성을 할 수 있게 될 수는 있지만, 이 과정에서 회계와 재무제표는 괘리가 생기게 된다.

복식부기 수행단계에서는 '잃는 것이 있으면 얻는 것이 있다'는 복식부기의 정신을 되새길 수 있지만, 복잡한 과정을 통해 재무제표 완성단계에 오게 되면 지금까지의 정신은 사라지고 아무런 생각이 없어진다. 마치 단단한 철(복식부기 정신)이 용광로(복잡한 재무제표 작성단계) 속에 들어가서 없어져 버린 것 같다.

이와 같은 함정에 빠지지 않기 위해서는, 복식부기에서 재무제표에

오르는 두 계단의 의미를 꿰뚫어 볼 수 있어야 한다.

정산표(복식부기의 단순 합체다)에서 재무제표 완성에 이르기까지 중요한 두 단계는 다음이다.

첫 번째 단계는, 미완성 재무상태표와 손익계산서를 만드는 단계이다. 이 단계에서는 정산표를 2개로 분리해 미완성 재무상태표와 손익계산서가 만든다.

두 번째 단계는 장부 마감단계로, 미완성 손익계산서의 대변 잔액을 미완성 재무상태표로 이전시켜 두 장부를 마감한다.

두 단계를 거치면서 어려운 수수께끼가 등장한다.

첫 번째 수수께끼는 다음과 같다. 정산표를 분리할 때, 왜 하필 '실체 있는 자산과 의무'과 '공(空) 자산과 공(空) 의무'으로 각각 나눌까?

두 번째 수수께끼는 다음과 같다. 재무제표 마감할 때, 공의무(수익) 잔액을 왜 하필 자본으로 보낼까?

공 자산(비용)과 공 의무(수익)

먼저 첫 번째 수수께끼를 풀어보자.

우리가 알고 있는 모든 자산과 의무는 실체가 있다. 자산은 물리적 실체를 가지거나 증서나 권리 등 어떤 경제적 실체를 가진다. 자산이 물리적 혹은 경제적 실체를 가진다면 그 자산은 경제적 가치를 가진다. 의무는 대체로 증서 등의 형태로 명시화되며 경제적 실체를 가진다. 결국 모든 자산과 의무는 모두 경제적 가치가 0보다 크다.

그래서 회사의 자산이든, 회사가 짊어진 의무이든 간에 회사는 이들을 관리해야 한다. 회사의 재산을 관리하고, 회사의 의무에 대해 이행 여부를 '관리'해야 하는 것이다.

실체 있는 자산과 의무를 따로 분리하는 이유는 바로 이들이 경제적 가치를 가지고 있으므로 반드시 관리를 해야 하기 때문이다. 그래서 '재무상태표'라는 회계장부를 통해 해당 자산과 의무(부채 및 자본)가 사라질 때까지 지속적으로 관리한다. 즉 재무상태표는 실체있는 자산과 의무를 관리하기 위한 목적이다.

반면 공(空) 자산과 공(空) 의무는 실체가 없다. 과거에 수행된 용역이었거나 눈에 보이지 않는 손해 또는 이득인 경우다. 향후에 어떠한 권리나 의무가 없다. 동시에 어떠한 경제적 가치를 가지지 않는다. 이들은 경제적 가치가 0이므로 당연히 앞으로 관리할 필요가 없다. 그래서 '재무상태표'라는 일종의 재산 장부에 넣을 필요가 없는 것이다.

그러나 공(空) 자산(비용)과 공(空) 의무(수익)는 그 자체로 아무것도 아니지만 그 속에 중요한 의미(정보)를 담고 있다.

공(空) 자산은 자산이 0인 경우이므로 '자산(재산)의 사라짐'을 표기한 것이다. 물론 과거에 수행된 용역일 수도 있고 눈에 보이지 않는 손해일 수도 있다. 어쨌든 '경제적 가치의 상실을 의미'한다. 앞서 강조했지만 공 자산이 비용이라 해서 현금 유출 그 자체는 아니다. 비용은 단지 '재산의 상실이라는 의미만을 담고 있다'는 점에 유의해야 한다. 예를 들어 비용이 10,000원이라면 '10,000원의 재산이 상실되었다'라는 뜻이다.

공(空) 의무는 의무가 0인 경우로, 과거에 수행된 용역일 수도 있고 눈에 보이지 않는 이득일 수도 있다. 어떤 경우든 '경제적 가치의 획득을 의미'한다. 공 의무가 수익이라 해서 현금 유입 그 자체는 아니다. 수익은 단지 '재산의 획득이라는 의미만을 담고 있다'는 점에 유의해야 한다. 예를 들어 수익이 20,000원이라면 '20,000원의 재산이 획득되었다'라는 뜻이다.

그러므로 공(空) 자산(비용)과 공(空) 의무(수익)는 그 자체로 아무것도 아니므로 지속적으로 관리할 필요가 없다. 그렇지만 그 속에 중요한 의미(정보)를 담고 있다. 공자산은 '재산의 상실과 관련된 정보'를 담고 있고, 공 의무는 '재산의 획득과 관련된 정보'를 담고 있다. 그래서 공 자산과 공 의무만을 따로 떼어 내서 '손익계산서'를 만들어보면, 재산의 획득과 상실에 관한 모든 정보를 알 수 있다.

손익계산서는 한 해 동안 재산의 획득과 상실에 관한 모든 정보를 알면 그 뿐, 재무상태표와 같이 영속적으로 관리할 것이 없다. 그래서 손익계산서는 '정보 이용 목적'이고, 재무상태표는 '관리 목적'이다.

정리하면, 재무상태표는 실체있는 자산과 의무를 분리해냈고 그건 계속 관리해야할 내용이다. 반면에 손익계산서는 재산의 상실과 획득을 표기한 것으로 그러한 정보를 담고 있다.

풀리지 않는
2개의 수수께끼 ②

회사 재산의 순증가는 이익과 동일하며,
이익을 주주에 대한 몫으로 귀속시킨다.

이제는 두 번째 수수께끼를 얘기해보자. 두 번째 수수께끼는 '재무
제표 마감할 때, 손익계산서의 공의무(수익) 잔액을 왜 하필 재무상태
표의 자본으로 보낼까?'이다.

앞서 손익계산서는 재산의 획득과 상실에 관한 모든 정보를 담고 있
다고 했다. 바꾸어 표현하면, 손익계산서는 '재산의 획득-재산의 상실'
에 관한 정보를 담고 있다. '재산의 획득-재산의 상실'은 바로 '이익'
이고, 손익계산서의 대변 잔액이다. 손익계산서의 대변 잔액인 '이익'
은 한 해 동안 새로운 가치의 유입을 의미한다.

한편 미완성 재무상태표를 생각해보자. 알다시피 미완성 재무상태
표는 차변 잔액이 남아있어 미완성이다. 그 얘기는 대변 항목이 모자

라는 것이다. 즉 어떤 의무가 비어있다는 것이다. 차변의 금액, 즉 재산은 늘었는데 어떤 의무가 늘지 않았다는 얘기다.

그런데 회사 재산의 순증가는 회사의 운영을 통해 새로이 창출한 부가가치인데, 소유주의 몫으로 귀속된다. 사실상 이유에 상관없이 차변의 재산이 늘었다면 그건 결과적으로 '주주(소유주)의 몫'이 된다. 회사 재산의 순증가는 주주에 대한 몫으로 보게 되므로, '주주에 대한 의무(자본)'로 기재한다.

미완성 재무상태표의 차변 잔액만큼 주주의 몫을 늘려줘야 재무상태표가 완성된다. 그러니 대변에 동 금액을 자본으로 올려줘야 마땅하다. 이 금액은 공교롭게도 미완성 손익계산서 상의 '이익'과 동일하다.

그래서 미완성 손익계산서 상의 이익을 미완성 재무상태표로 이전시켜주면, 두 장부 모두 마감됨과 동시에, 최종 재무상태표를 통해 주주에 대한 의무(즉 자본)를 명시하게 된다.

2개의 수수께끼에 대한 답

2개의 수수께끼의 답을 정리하면 다음과 같다.

첫째, 정산표를 분리한 후, 재무상태표를 통해 실체 있는 자산과 의무를 영속적으로 관리하고, 손익계산서를 통해 '경제적 가치의 획득-상실'에 대한 자세한 정보를 얻을 수 있다.

둘째, 미완성 손익계산서 상의 대변 금액(즉 이익)을 미완성 재무상태표로 대변인 자본으로 이전시켜주면, 두 장부 모두 마감됨과 동시

에, 최종 재무상태표를 통해 주주에 대한 의무(즉 자본)를 명시할 수 있
게 된다.

정리하면, 미완성 손익계산서는 재산의 획득과 상실 간의 차이(획
득-상실)이고, 그 금액은 결국 주주에게 귀속되어 회사로선 그러한 의
무가 생겨나므로 재무상태표의 자본으로 이전하게 된다.

회계의 빅피처를 조망한 이후, 반드시 해봐야 할 일이 한 가지 있다. 그건 바로 당신의 손으로 재무제표를 한 번만이라도 작성해보는 것이다. 재무제표를 단 한 번이라도 작성해보면, '얻는 것이 있으면 잃는 것이 있다'는 복식부기의 정신을 분명히 체험한다. 너무나도 당연한 진실이 피부처럼 와닿는 것이다. 최초의 거래 분개에서 시작해 정산표를 만들고, 이를 둘로 분리해 미완성 재무상태표와 손익계산서를 만든다. 마지막 과정으로 간단한 마감분개를 통해 최종적인 재무상태표와 손익계산서를 완성한다. 어려울 것이 전혀 없다. 불필요한 군살을 모두 빼버리고 진짜 핵심만을 통해 맥락을 손쉽게 파악해보자.

4

재무제표를
단 한 번만
작성해보자

차변 항목:
'자산과 비용' 발생 거래

자산 항목은 자산의 금액(가치)를 결정하는 것이 핵심이고,
비용 항목은 재산 상실의 이유를 판단해 기록하는 것이 핵심이다.

　회사에서 이루어지는 거래들이 셀 수 없이 다양하고, 복잡한 계정들과 회계처리로 이루어지는 것은 분명하다. 그렇지만 수많은 거래들도 그 논리를 집약하면 단순하다. 복식부기는 차변과 대변이 동시에 발생하지만, 여기서는 차변 항목에 집중해 거래를 단순화해보자.

　차변 항목에는 자산과 공(空) 자산만이 기록된다. 앞으로는 공(空) 자산을 비용이라 통일해서 부르자. 앞서 설명했지만, 차변 항목의 거래는 다음의 2가지뿐이다.

차변 항목의 거래는 2가지뿐이다

① [자산취득 거래] 회사는 현금을 지급하고, 회사에서 필요한 자산을 구입한다.

이는 주 목적이 자산을 구입하는 것이다.

차변) 자산 XXX	대변) 현금 XXX

② [비용발생 거래] 회사는 과거의 용역 활동에 대한 대가 등을 현금으로 지급한다.

위의 거래는 과거에 수행된 용역 활동에 대한 대가를 지급하는 것이다.

차변) 비용 XXX	대변) 현금 XXX

차변 항목에 집중해 분개를 할 때는, 어떤 대가를 지불하고 '받는 자산의 실체 또는 경제적 가치가 존재하는가?' 아니면 '그렇지 않은가?'에 대해 생각해보면 된다.

당연히 전자의 경우는 받은 자산을 차변에 기록하면 되고, 후자의 경우는 비용을 차변에 기록하면 된다.

자산취득 거래와 비용발생 거래

2개의 거래를 좀 더 상세히 살펴보자.

첫째, 자산취득 거래의 분개는 대부분의 경우 위 ①과 다르지 않다.

대부분의 회계가 그렇듯이 대변의 상대 계정이 현금이 아닌 좀 더 복잡한 자산, 부채나 자본 계정이 등장하는 경우가 어려워질 수 있다. 대변의 상대 계정이 현금이라면 차변의 자산도 동 금액을 적으면 간단하다. 그렇지만 많은 자산취득 거래가 현금이 아닌 다른 형태의 대가를 지불해야 하니까 복잡하다. 그렇지만 본질은 ①과 같다.

한편 우리는 '자산'이라는 대계정을 사용하는데, 자산을 보다 세분화하면, 현금, 금융자산, 유형자산, 무형자산 등 다양하다. 이렇게 구지 자산을 세분화하는 이유는 바로 '자산의 금액(가치)'를 결정하는 방식이 다르기 때문이다. 이러한 자산의 가치는 어떤 사건이나 시간의 경과에 따라 감소할 수 있고, 이를 '자산손상'이나 '감가상각'이라는 방식으로 반영하게 된다. 어쨌든 자산취득 거래에서는 차변에 기재할 자산의 금액을 결정하는 것이 중요하다.

둘째, 비용발생 거래의 분개는 본질은 ②와 같으나 발생 이유에 따라 비용의 유형이 달라진다. 비용은 매출원가, 판매비 및 일반관리비, 영업외 비용, 법인세비용, 각종 유형의 손실 등 매우 다양하다.

비용은 '재산(경제적 가치)의 상실'을 표시한 것이라 했다. 소중한 재산을 상실했으니 그 이유를 적는 것이 중요하다. '재산을 상실한 이유'가 다르면 '비용'의 유형도 달라진다. 심지어 재산을 상실한 이유를 모를 때는 '잡손실'로 기재하기도 한다.

대부분의 비용은 그 유형을 떠나 ②와 같은 방식으로 분개한다. 예를 들면 창고에 보관하던 상품이 분실되어 잡손실이 발생한 경우라 해보자. 이때의 분개는 다음이다.

차변) 잡손실 XXX	대변) 상품 XXX

상품이 없어졌으니 대변에 그 상품 금액을 기재하고, 상품을 상실한 이유를 모르니 잡손실이라 차변에 기재하게 된다.

매출원가를 기록할 때

대부분 비용과는 다르게 각별히 중요시 다루는 게 '매출원가'다. 상품을 판매할 때 매출원가라는 비용 항목이 발생하는데 비용 중의 으뜸항목이다. 왜냐하면 회사는 상품(또는 제품)을 팔아서 돈을 버는 것이 주 목적이기 때문이다. 그런데 '매출원가'를 기록할 때는 다른 비용과는 달리 ②와 같이 분개하지 않는다. 상품 판매 거래에 대해 보다 상세한 정보를 담기 위해 회계기준에서는 그렇게 규정하고 있다.

상품 판매 거래는 무엇보다도 중요하므로 정확히 얘기해보자. 회사가 상품을 판매한 경우를 상정해보자. 회사는 상품을 인도하고 현금을 받는다고 하자. 이 경우 상품을 인도한 거래(ⓐ)와 현금을 받는 거래(ⓑ)를 이원적 거래로 본다.

즉 다음과 같이 2개의 거래로 나눈다.

ⓐ [상품 인도] 상품(원가) XXX를 인도하다.

차변) 매출원가　XXX	대변) 상품(원가)　XXX

상품을 주었으니, 대변에 기재하는데 이 경우는 상품의 원가를 기록한다. 상품을 준 대가로 얻은 것이 없으니(?) 비용을 기록하는데 상품인도 관련이므로 '매출원가'로 적는다. 얻은 것이 없는 이유는 상품 인도 거래만 따로 떼어 보기 때문이다.

ⓑ [현금 유입] 상품을 판매하고 판매대금 XXX를 받았다.

차변) 현금　XXX	대변) 매출(수익의 유형)　XXX

상품을 판매하면서 현금을 받은 거래만 따로 기록한 경우다. 현금을 받았으니 차변에 기재하고, 어떤 의무도 없으니 대변에 수익을 기재하는데 그때는 '매출'이라는 이름을 쓴다.

즉 상품 판매시, 상품을 인도하는 거래(매출원가 XXX /상품 XXX)와 판매대금을 받는 거래(현금 XXX/매출 XXX)를 구분해 회계처리한다. 왜냐면 매출원가와 매출은 회사의 본원적 영업활동이기 때문에 각별히 기록하는 것이다.

정리하면, 자산을 획득할 경우 현금, 금융자산, 유형자산, 무형자산 등 세부 자산명을 기재하고, 비용(공자산)이 발생할 경우, 그 발생 사유

에 따라 매출원가, 매출원가, 판매비 및 일반관리비, 영업외 비용, 법인
세비용, 각종 유형의 손실 등을 기재한다.

대변 항목:
'의무와 수익' 발생 거래

주주에 대한 의무이면 자본, 채권자에 대한 의무이면 부채,
어떤 의무도 없으면 수익으로 기록한다.

이제는 대변 항목에 집중해 거래를 단순화해보자.

대변 항목에는 실체 있는 의무와 공(空) 의무만이 기록된다. 앞으로는 공(空) 의무는 수익이라 통일해서 부르자. 앞서 살펴본 바와 같이, 대변 항목의 거래는 다음의 3가지뿐이다.

첫째는 어떤 자산을 얻고 주주에 대한 의무를 갖는 거래(자본 발생 거래)이다. 둘째는 어떤 자산을 얻고 채권자에게 현금 지급 의무를 갖는 거래(부채 발생 거래)이다. 셋째는 어떤 자산을 얻었는데 아무런 의무가 없는 거래(수익 발생 거래)이다.

대변 항목의 거래는 3가지뿐이다

① [자본 발생 거래] 회사는 창업 시에 주주로부터 현금을 받고, 주권을 발행했다.

차변) 자산(현금) XXX	대변) 자본 XXX

② [부채 발생 거래] 회사가 회사채를 발행했다.

회사가 사채를 발행한 경우, 사채를 인수한 채권자로부터 현금을 받고, 회사는 해당 금액의 채권을 준다.

차변) 자산(현금) XXX	대변) 부채(사채) XXX

③ [수익 발생 거래] 회사는 과거 용역 활동에 대해서 수수료를 현금으로 받았다.

차변) 자산(현금) XXX	대변) 수익(용역수수료) XXX

대변 항목에 집중해 분개를 할 때는, 어떤 대가(자산)를 받으면서 '향후 재산을 지급할 의무가 존재하는가?' 아니면 '그렇지 않은가?'에 대해 생각해보면 된다. 전자의 경우는 의무를 대변에 기록하면 되는데 동 의무가 주주에 대한 의무이면 '자본'으로 기재하고, 채권자에 대한

의무이면 '부채'로 기재한다. 후자의 경우는 향후 아무런 의무가 없는 공(空) 의무이므로 '수익'을 대변에 기록하면 된다.

3가지 거래를 명확히 이해하자

이 3가지 거래를 좀 더 상세히 살펴보자.

첫째, 자본 발생 거래의 분개는 본질적으로 위의 ①과 다르지 않다. 우리는 '자본'이라는 대계정을 사용해 왔는데, 자본 계정을 보다 세분화하면, 자본금, 자본잉여금, 이익잉여금, 자본조정 등 다양하다. 이렇게 자본이라는 의무가 발생하게 되는 원천에 따라 자본을 세분화하게 된다. 통상적인 출자 또는 증자 시 자본(액면금액), 자본잉여금이 발생하고, 이익발생시 이익잉여금이 발생한다고 보면 단순하다. 자본조정은 자본에 직접적으로 영향을 주는 비경상적인 특별한 사건과 관련해 발생한다. 자본조정은 어려운 항목이니 이름만 기억하자.

둘째, 부채 발생 거래의 분개도 사실상 ②와 같으나 각종 '할인계정'으로 인해 복잡해진다. 우리는 '부채'라는 대계정을 사용해왔는데, 부채 계정을 보다 세분화하면, 수취채권, 차입금, 미지급금, 사채, 각종 충당부채 등이 있다. 이들 부채 계정은 부채의 발행방식 및 상환방법에 따라 구분되는 정도로만 생각하자.

보다 중요한 것은 만기에 따른 부채의 구분이다. 부채 계정은 단기에 지급해야 할 '단기부채'와 장기에 지급해야할 '장기부채'로 구분한다. 예를 들어 차입금도 만기가 1년 이내이면 단기차입금으로, 1년 이후면 장기차입금으로 구분한다. 회사가 자금조달을 목적으로 자본시장을 통해 사채를 발행할 수 있는데 이는 통상 장기성으로 분류된다. 장기부채는 소위 할인 계정을 사용한다. 이는 다소 어려운 개념이므로 유의하는 정도로 하자.

셋째, 수익 발생 거래의 분개는 본질은 ③과 같으나 수익은 발생 원천에 따라 '매출'과 '영업외 수익(금융수익, 각종 유형의 이익 등)'으로 구분된다. 영업외 수익은 세부적 유형을 떠나 통상 ③과 같은 방식으로 분개한다. 그러나 매출은 상품 판매 거래에서 인식하는 수익으로, 비용에서 설명한 것과 같이 상품 인도와 현금 유입 거래를 분리해 분개한다.

이를 다시 적어보면 다음과 같다.

ⓐ [상품 인도] 상품(원가) XXX를 인도하다.

차변) 매출원가 XXX	대변) 상품(원가) XXX

ⓑ [현금 유입] 상품을 판매하고 판매대금 XXX를 받았다.

차변) 현금 XXX	대변) 매출 XXX

위와 같이 상품을 판매하고 판매대금을 받을 때 대변에 매출 계정이 발생한다.

정리하면, 주주에 대한 의무가 발생 시 발생 사유에 따라 자본금, 자본잉여금, 이익잉여금, 자본조정 등 세부 자본명을 기재하고, 채권자에 대한 의무가 발생시 발생 사유에 따라 수취채권, 차입금, 미지급금, 사채, 각종 충당부채 등 세부 부채명을 기재한다. 반면에 수익(공의무)이 발생할 경우, 그 발생 사유에 따라 매출과 영업외 수익(금융수익, 각종 유형의 이익 등) 등을 기재한다.

큰 틀에서 실제 거래를
분개하자

복식부기의 정신은 '얻는 것이 있으면 잃는 것이 있다'는 것이다.
다만 얻는 것이 없으면 그때 '비용'이고, 잃는 것이 없으면 그땐 '수익'이다.

앞에서 다룬 차변 및 대변 항목의 모든 거래를 큰 틀에서 묶으면, 기중에 일어나는 통상적인 거래는 아래 4종(種)이 핵심이다. 이들 4종 거래에 대한 분개를 잘 이해하는 것이 중요하다.

이 중 1종과 2종 거래는 실체 있는 자산과 의무가 발생하는 거래이다. 3종과 4종 거래는 비용이나 수익이 발생하는 거래인데, 이 중 3종 거래는 회사의 본원적 영업활동인 상품관련활동에서 발생하는 거래이다.

거래에 대한 분개

1종] 부채 및 자본 발생 거래

상황) 자금 2,000억이 들어오다

차변) 현금 2,000억	대변) 부채 1,000억
	자본 1,000억

현금을 얻고(얻는 것), 반대급부로 향후 채권자와 주주에게 미래에 현금 지급 의무를 갖게 된다. 이러한 거래는 현금흐름 관점에서 '자금 조달 거래'라 할 수 있다.

2종] 자산 취득 거래

상황) 고정자산(빌딩, 창고 등)을 구입하다

차변) 빌딩	400억	대변) 현금	500억
창고	100억		

많은 자금을 투여해 빌딩이나 창고와 같은 고정자산을 구입(얻는 것)한다. 이와 같이 고정자산을 구입하는 거래를 소위 '투자 거래'라 할 수 있다. 현금이 투자(Invested)되었다는 의미이다.

3종] 상품 판매 거래

상황) 상품을 구입하고 판매하다

상품구입 시					
차변) 상품	100억		대변) 현금		100억
상품판매시					
차변) 비용(매출원가) 50억			대변) 상품		50억
현금	80억			수익(매출)	80억

　　회사의 본원적인 영업(판매)활동을 위해 현금을 지불하면서 상품을 구입(얻는 것)한다. 이와 같은 상품 판매 거래는 이원적 거래로 본다. 즉, 상품 인도 거래(매출원가 XXX /상품 XXX)와 판매대금을 받는 거래(현금 XXX/매출 XXX)를 완전히 구분해 회계 처리한다. 이는 하나의 약속이다.

4종] 비용 및 수익 발생 거래

상황) 임직원 급여를 지급하다

차변) 비용(급여) 10억	대변) 현금 10억

　　현금을 지출(잃는 것)했는데 당장 얻는 것이 없으니 비용이다. 이 비용은 임직원 급여로 기인하니 옆에 급여라고 메모한다. 자세히 상대

계정의 현금이 소득 없이 사라진 것으로 볼 수 있다. 그 이유가 임직원 급여이다.

4종의 거래에 따른 분개를 살펴보았다. 모든 분개는 '얻는 것이 있으면 잃는 것이 있다'라는 복식부기의 정신에 따른다. 다만 얻는 것이 없으면 그때 '비용'이고, 잃는 것이 없으면 그땐 '수익'이다.

[실전 ①]
거래의 분개

모든 거래는 '얻는 것이 있으면 잃는 것이 있다'는
복식부기의 정신에 의해 분개가 가능하다.

　지금부터 회사의 설립부터 운영까지 모든 과정의 분개를 해볼 것이
다. 단순한 예를 다뤄보겠지만, 앞으로 실전 편에서 분개부터 장부작
성까지 모든 과정의 논리를 꿰뚫어볼 수 있다.

　본 예에서는 오직 5가지의 거래만을 가지고 분개를 수행한 후 실제
재무제표를 작성하게 된다. 다소 귀찮고 번거로운 과정이지만, 5가지
의 거래만 잘 따라가보면 회계 과정과 재무제표 작성논리가 자연스레
체득된다. 회사 운영 시 수많은 거래가 발생하지만 본질은 앞으로 예
시될 5가지 거래와 다르지 않다.

① 2018.1.5일. ㈜수성은 회사를 설립하면서 우주은행에서 현금 1,000억을 차입했다. 동시에 주주들로부터 창립자금 1,000억을 받았다.

② 2018.1.12일. ㈜수성은 사무실용도의 빌딩과 창고를 각각 400억과 100억에 현금으로 매입했다.

③ 2018.2.3일. ㈜수성은 ㈜금성으로부터 상품(1만개)을 100억에 구입했다.

④ 2018.4.7일. ㈜수성은 ㈜지구에게 구입한 상품의 절반(5천개, 원가 50억)을 80억에 팔았다.

⑤ 2018.12.19일. ㈜수성은 임직원(10명) 급여로 총 10억을 지급했다.

⑥ 그 밖의 비용 발생이나 거래는 없었다.

복식부기의 정신에 의해 분개를 해보자

위 거래의 순서대로 분개를 해보자.

"① 2018.1.5. ㈜수성은 회사를 설립하면서 은행에서 현금 1,000억을 차입했다. 동시에 주주들로부터 창립자금 1,000억을 받았다."

㈜수성이 얻은 것은 현금 2,000억이므로 차변에 현금 2,000억을 기록하면 된다. 반대급부로, ㈜수성은 지금 당장은 아니지만 미래에 어느 시점에 우주은행에 1,000억을, 주주에게는 청산 시 동 금액을 지급할 의무가 있으므로, 각각 부채와 자본으로 기재한다.

| 차변) 현금 2,000억 | 대변) 부채(우주은행) 1,000억 |
| | 자본 1,000억 |

"② 2018.1.12. ㈜수성은 사무실용도의 빌딩과 창고를 각각 400억과 100억에 현금으로 매입했다."

㈜수성이 얻은 것은 빌딩(400억)과 창고(100억)이고, 잃은 것은 현금 500억이다. 그래서 차변에 빌딩과 창고를 기록하고, 대변에 현금 500억을 기록한다.

| 차변) 빌딩 400억 | 대변) 현금 500억 |
| 창고 100억 | |

"③ 2018.2.3. ㈜수성은 ㈜금성으로부터 상품(1만개)을 100억에 구입했다."

㈜수성이 얻은 것은 상품(1만개, 100억)이고, 잃은 것은 현금 100억이다. 그래서 차변에 상품(100억)을 기록하고, 대변에 현금 100억을 기록한다. 일반적으로 상품, 제품 등의 계정은 일괄해 재고자산이라 통칭한다.

| 차변) 상품 100억 | 대변) 현금 100억 |

"④ 2018.4.7. ㈜수성은 ㈜지구에게 구입한 상품의 절반(5천개, 원가 50억)을 80억에 팔았다."

기업의 가장 본원적 활동인 상품 판매활동은 본래 일원적 활동이지만, '판매로 인한 현금 수입'와 '상품 인도'의 2개의 거래로 분리하기로 한다.

첫 번째 거래로, 판매로 인한 현금 수입만 일어난다. 여기서 얻는 것은 현금 80억이고, 잃는 것은 없다. 상품 인도는 여기서는 없다고 가정한다. 그래서 차변에 현금 80억을 기록하고 대변에는 매출 80억을 기록한다.

두 번째 거래는 상품 인도이다. 이 경우 잃는 것은 상품 원가 50억이고, 얻는 것은 없다. 그래서 대변에 우선 상품 50억을 적고, 차변에 매출원가를 적되 잃는 금액과 동등한 50억을 적는다.

위 2개의 거래를 종합하면, 아래와 같은 분개가 완성된다.

차변) 현금 80억	대변) 수익(매출) 80억 ······· (첫번째 거래)
비용(매출원가) 50억	상품　　　50억 ······· (두번째 거래)

"⑤ 2018.12.19. ㈜수성은 임직원(10명) 급여로 총 10억을 지급했다."

㈜수성이 잃은 것은 현금 10억이 명백한데, 얻은 것은 모르겠다. 그래서 우선 대변에 현금 10억을 기록하고, 차변에 비용을 기재하되 금

액은 잃어버린(?) 현금 분만큼 적는다. 물론 그 비용은 원인이 급여이
니 그 내용을 메모한다.

차변) 비용(급여) 10억	대변) 현금 10억

위와 같이 해서 기중(期中)의 분개는 마무리되었다.

위의 5가지 거래만 숙지하면, 앞으로는 복잡한 거래라고 해서 지레
겁먹을 필요가 없다. 본질은 크게 다르지 않기 때문이다.

[실전 ②] 미완성 재무상태표와 손익계산서

'정산표'에서 출발해, 자산·부채·자본 항목을 분리하면 미완성 재무상태표,
비용·수익 항목을 분리하면 미완성 손익계산서가 된다.

앞에서 기중의 모든 거래에 대한 분개를 수행했다. 다음은 미완성
재무상태표와 손익계산서를 작성하는 단계이다.

모든 기중 분개를 마친 후, 모든 차변 항목과 대변 항목을 각각 합산
하면 다음과 같은 정산표가 된다.

복잡한 과정이 아니니 어려워하지 말자. 앞서 5가지 분개를 마무리
했는데, 우선 차변 항목의 각 계정과 해당금액을 옮겨 적는다. 이어 대
변 항목의 각 계정과 해당 금액을 옮겨 적는다. 마지막으로 차변과 대
변 항목의 금액들을 각각 합산하면 정산표가 완성된다.

미완성 재무상태표와 손익계산서를 작성하자

정산표

차변		대변	
현금	1,470억		
상품(재고자산)	50억	부채(우주은행)	1,000억
빌딩	400억	자본	1,000억
창고	100억	수익(매출)	80억
비용(매출원가)	50억		
비용(급여)	10억		
총계	2,080억	총계	2,080억

이어서, 위의 정산표에서 '실체있는 자산과 의무'와 '비용(공 자산)과 수익(공 의무)'를 각각 구분해 장부를 만든다.

첫째, 모든 자산 항목을 재무상태표의 차변에 집계하고, 모든 부채와 자본 항목을 재무상태표의 대변에 집계해 아래와 같은 미완성(마감 전) 재무상태표를 작성한다.

미완성 재무상태표

차변		대변	
현금	1,470억		
상품(재고자산)	50억	부채(우주은행)	1,000억
빌딩	400억	자본	1,000억
창고	100억		
총계	2,020억	총계	2,000억

둘째, 모든 비용 항목을 손익계산서의 차변에 집계하고, 모든 수익 항목을 손익계산서의 대변에 집계해 아래와 같은 미완성(마감전) 손익계산서를 작성한다.

미완성 손익계산서

차변		대변	
비용(매출원가)	50억	수익(매출)	80억
비용(급여)	10억		
총계	60억	총계	80억

이렇게 해서, 미완성 재무상태표와 손익계산서를 작성해보았다. 두 회계장부는 마감 전이므로 모두 차변과 대변의 총계액이 일치하지 않는다. 앞으로 할 일은 두 장부를 모두 마감하는 것이다.

[실전 ③] 재무상태표와
손익계산서의 탄생

미완성 손익계산서 상의 '이익'을 미완성 재무상태표 상의 '자본'으로 대체시키면,
최종적인 재무상태표와 손익계산서가 완성된다.

이제는 두 장부(미완성 재무상태표와 손익계산서)를 모두 마감하기 위한
기말(期末) 수정분개만 남았다.

미완성 재무상태표의 차변이 대변보다 20억이 많다. 반대로, 미완성
손익계산서의 대변이 차변보다 20억이 많다. 이처럼 마감 전에는 언제
나 두 회계장부의 '차변과 대변의 차액'은 서로 반대로 일치한다.

기말 수정분개는 손익계산서의 잔액(차변과 대변의 차액)을 재무상태
표로 이전시키고 손익계산서를 용도폐기하는 과정이다. 사실상 손익
계산서는 1년간 잠시 사용하고 용도폐기된다. 결국 재무상태표만 영
속적인 장부로 계속 이어가는 것이다.

기말 수정 분개를 해보자

㈜수성의 손익계산서의 잔액을 재무상태표로 옮기는 다음의 수정 분개를 보자.

기말수정분개–장부 마감

차변) 수익(또는 이익) 20억	대변) 자본 20억

미완성 손익계산서에서, 수익은 80억(대변합계)으로 비용 60억(차변합계)보다 20억(대변과 차변의 차액)이 크고, 이 부분이 바로 이익이다. 이익은 '수익-비용'이기 때문이다.

손익계산서의 대변에 남은 잔액 20억(이익)을 제거해, 재무상태표의 대변으로 옮겨야 한다. 재무상태표의 대변에 올릴 때는 '자본'항목으로 올린다. 이익은 결국 이익잉여금이라는 자본 항목이 된다.

이와 같은 기말 수정분개를 두 장부에 반영하면 다음과 같은 최종 재무상태표와 손익계산서가 완성된다.

재무상태표(최종)

차변		대변	
현금	1,470억	부채(우주은행)	1,000억
상품(재고자산)	50억	자본	1,000억
빌딩	400억	자본(이익)	20억
창고	100억		
총계	2,020억	총계	2,020억

손익계산서(최종)

차변		대변	
비용(매출원가)	50억		
비용(급여)	10억	수익(매출)	80억
수익(이익)	20억		
총계	80억	총계	80억

드디어 최종 재무상태표와 손익계산서가 완성되었다! 기말 수정분개 즉 장부 마감분개 이후, 재무상태표와 손익계산서 각각의 차변과 대변의 금액이 모두 일치하게 된 것이다.

다시 정리하지만, 재무상태표는 실체 있는 자산과 의무에 대한 정보를 보여주고, 손익계산서는 한 해 동안 재산의 획득과 상실에 대한 정보(즉 이익에 대한 정보)를 보여준다.

정산표를
음미해보자

모든 재무제표의 기초가 되는 정산표는 '얻는 것이 있으면 잃는 것이 있다'는
복식부기의 정신을 그대로 보여줄 뿐이다.

앞서 정산표와 최종 재무상태표와 손익계산서를 작성해보았다.

지금부터는 빅피처의 관점에서 정산표의 의미를 곱씹어볼 것이다.
이어서 최종 재무상태표와 손익계산서의 의미를 음미해볼 것이다. 결
국 복식부기, 정산표 그리고 최종 재무제표는 모두 같은 논리가 적용
됨을 알 수 있다.

우선 정산표 단계의 합산 금액을 살펴보자.

모든 거래에 대한 분개를 마친 후, 모든 차변 항목과 대변 항목을 각
각 합산하면 아래의 정산표가 된다(앞서 본 정산표와 같다).

정산표는 모든 재무제표의 기초다

정산표

차변		대변	
현금	1,470억		
상품(재고자산)	50억	부채(우주은행)	1,000억
빌딩	400억	자본	1,000억
창고	100억	수익(매출)	80억
비용(매출원가)	50억		
비용(급여)	10억		
총계	2,080억	총계	2,080억

우선 위 정산표 상의 차변 항목에 집중해보자. 차변 항목에는 결국 '자산'과 '비용'계정만이 나타남을 볼 수 있다. 분개를 하면 최종적으로 차변에 자산과 비용만 남는다는 뜻이다.

아래 정산표와 같이 대변 항목을 모두 현금이라 가정해보자. 그럼 차변 항목의 의미를 명확히 알 수 있다. 현금을 투입해, 자산(현금, 상품, 빌딩, 창고)을 얻고 나머지는 비용(매출원가, 급여)으로 사라졌다.

정산표-차변 항목 생각해보기

차변		대변	
현금	1,470억		
상품(재고자산)	50억		
빌딩	400억	현금	2,080억
창고	100억		
비용(매출원가)	50억		
비용(급여)	10억		
총계	2,080억	총계	2,080억

이번엔 정산표 상의 대변 항목에 집중해보자.

대변 항목에는 결국 '부채 또는 자본' 그리고 '수익'만 나타난다. 역시 분개를 하면 최종적으로 대변에는 부채, 자본, 수익만 남는다는 뜻이다.

마찬가지로, 차변 항목을 모두 현금이라 가정한 아래의 정산표를 보자. 그럼 대변 항목의 의미를 명확히 알 수 있다. 현금을 받고(얻는 것), 향후 돈 지급 의무(부채, 자본)를 부담하고 나머지는 수익(매출)으로 취한다.

정산표-대변 항목 생각해보기

차변		대변	
현금	2,080억	부채(우주은행)	1,000억
		자본	1,000억
		수익(매출)	80억
총계	2,080억	총계	2,080억

정산표의 메시지는 간단하다

정산표는 모든 재무제표의 기초가 되는 가장 중요한 회계장부다. 매우 복잡해 보이는 정산표이지만 말하는 메시지는 너무나도 간명하다. 그 메시지는 바로 이것이다. 차변은 '얻는 것(자산)'과 '사라지는 것(비용)'이고, 대변은 '나중에 잃어야 할 것, 즉 의무(부채, 자본)'와 '득템(수익)'일 뿐이다.

정산표의 메시지, 너무나 간단하지 않은가? 정산표를 2개로 분리하면 재무제표가 만들어지므로, 결국 복식부기와 정산표 그리고 재무제표는 모두 같은 원리가 적용된다.

마감분개와 완성 재무제표를 음미해보자

마감분개를 통해 이익을 주주의 몫으로 귀속시킨다.
이 과정에서 손익계산서는 용도 폐기되고
재무상태표를 통해 자산과 의무를 관리하게 된다.

　정산표를 분리해 미완성 재무상태표와 손익계산서를 작성한 후, 아래처럼 마감분개를 통해 최종 재무상태표와 손익계산서를 작성한다.

마감분개

차변) '수익-비용' 차액(이익) 20억	대변) 자본(이익) 20억

　마감분개라는 것은 모든 수익과 비용 항목을 상계해 남은 금액, 즉 '이익'을 '자본'으로 이전시키는 분개를 말한다. 결국 마감분개는 일시적 사용 목적의 손익계산서를 용도 폐기하고 대차차액(이익)을 자본으로 해 재무상태표로 옮겨놓는 것이다.

최종 손익계산서와 열거식 손익계산서

아래는 마감분개를 통해 완성된 최종 손익계산서이다.

손익계산서(계정식)

차변		대변	
비용(매출원가)	50억		
비용(급여)	10억	수익(매출)	80억
수익(이익)	20억		
총계	80억	총계	80억

위의 손익계산서를 보여주는 형식만 바꾸면 아래와 같다.

손익계산서(열거식)

매출	80억
매출원가	(50억)
매출총이익	30억
판매비와 일반관리비(급여)	(10억)
이익	20억

위와 같이 열거식으로 손익계산서를 구성해보면, 수익과 비용이 어떻게 발생해 최종적인 이익이 얼마나 발생했는지를 한눈에 쉽게 알 수 있다.

최종 재무상태표와 손익계산서

이쯤에서 최종 재무상태표와 손익계산서에 대해 다음과 같이 정리해보자.

재무상태표에서, 차변은 기말 현재 남아있는 회사의 모든 재산을 의미하고, 대변은 회사가 지고 있는 모든 의무를 의미한다. 손익계산서상 '이익'은 결국 주주에 대한 의무이므로 재무상태표의 자본으로 편입시킨다. 이로서 재무상태표에는 회사가 가지는 재산(자산)과 의무가 모두 기록된다. 따라서 재무상태표는 영구적으로 관리해야 될 장부의 성격이다.

손익계산서에서, 모든 수익에서 모든 비용을 차감한 금액이 '이익'으로 차변에 기재되어 있다. 수익은 득템이고 비용은 사라진 것이다. 결국 '이익'은 득템에서 사라진 것을 차감한 것이다. 그러니 한 기 동안에 '순 득템'이다.

손익계산서를 통해 상세한 손익 정보를 알고 나면 그뿐이다. 이익을 자본으로 대체시키면 사실상 용도 폐기이다. 주주의 몫이 이익을 자본으로 대체시키고 나면, 이제 관리해야 할 재산이나 의무는 없다. 그렇지만 비록 용도폐기가 되더라도, 기중 손익에 관한 모든 정보를 자세히 보여주고 있다는 점은 주지해야 한다.

재무제표의 각 계정이나 항목을 제대로 살펴보고자 한다면 정말 끝도 없을 것이다. 오히려 지나치게 세부 계정에 파고 들다보면 원칙이 흔들리는 낭패감마저 들 때가 있다. 재무제표의 차변과 대변의 대(大)계정 아래 구성되는 각 세부 계정들은 대계정과 본질적 차이는 없다. 5장에서는 차변 및 대변의 각 계정의 핵심을 이루는 본질을 살펴볼 것이다. 그리고 기업가치와 관련성이 높은 재무제표 항목들을 특히 주시할 것이다. 한편 최근 회계 이슈들과 연관된 내용도 조심스럽게 살펴볼 것이다.

5

재무제표에서
진짜 중요한 것

자산
vs. 비용 ①

자산은 미래에 경제적 효익을 가져다주고, 비용은 그렇지 않다.
그래서 회사의 연구개발비지출이 미래에 경제적 효익을 가져다줄 경우
'자산'으로 기록한다.

　필자는 복식부기와 재무제표를 보는 눈이 다르지 않다는 점을 시종일관 강조하고 있다. 그래서 지금까지 복식부기와 장부마감을 살펴본 것이기도 하다. 앞으로 재무제표에서 중요한 많은 문제를 이렇게 복식부기의 정신으로 풀어볼 예정이다.

　많은 회계적 문제에서 가장 으뜸으로 '자산과 비용의 구분'을 뽑을 수 있다. 최근 바이오기업에서 많이 이슈가 되었던 것도 막대한 연구개발비가 '자산이냐 아니면 비용이냐'하는 문제였다. 연구개발비가 자산으로 분류되면 상대적으로 당해 이익이 커지므로 당해 실적이 좋아진다.

자산과 비용을 개념적으로 상세히 보자

먼저 자산과 비용을 개념적으로 보다 상세히 볼 필요가 있다. 자세한 내용을 살펴보자.

앞서 차변 항목을 살펴보았다. 바로 '얻는 것'이 있으면 '자산'이고, 얻는 것 없이 무언가 '사라지는 것'이면 '비용'이라 했다. 그래서 '자산'은 경제적 가치가 0보다 큰 것이라 했다. 반면, '비용'은 경제적 가치가 0인 '공(空) 자산'이며 '경제적 가치의 상실'을 의미한다고 했다.

그래서 차변 항목에 기록될 무언가가 '경제적 가치를 가지느냐' 아니면 '그렇지 않으냐'의 판단이 우선이다.

그런데 무형자산의 경우는 다소 복잡하다. 예를 들어, 회사가 '특허권'을 현금을 지급해 획득했다고 하자. 그럼 분개를 한번 보자.

차변) 특허권 XXX	**대변) 현금 XXX**

위의 경우 특허권은 경제적 가치가 있는 경우 당연히 '자산'으로 기록될 것이다.

다른 예를 보자. 회사가 신약 개발을 위한 임상실험에 막대한 연구개발비를 소모하고 있다 (회사는 모든 비용을 현금으로 지급하고 있다고 하자). 그렇다면 분개의 형태는 다음과 같다.

차변) 개발비(?) XXX	**대변) 현금 XXX**

위 차변 항목의 개발비는 '자산'일까 '비용'일까? 답은 개발비가 과연 경제적 가치를 가지느냐 아니면 그렇지 않느냐에 달려있을 것이다.

여기서 '경제적 가치를 가진다'라는 의미를 보다 상세히 고민해보자. 무언가가 경제적 가치를 가진다면, 시장에서 돈을 지불해 구입하고 판매가 가능할 것이다. 만약 적절한 시장이 형성되어 있지 않다고 해도 당사자 간에 상호 어떤 대가로 거래가 가능할 것이다. 즉 다시 말해 외부와 거래가 가능하다면 외관상 '경제적 가치를 가진다'고 볼 수 있다.

그런데 '경제적 가치'를 '외부와의 거래 가능성'으로 동일하게 보면, '경제적 가치'를 지나치게 편협한 해석한 것이다.

회사가 '어떤 권리'를 가지고 있다고 하자. 그 권리를 거래할 시장도 없고 거래할 당사자도 없다고 하자. 그렇다면 그 권리는 경제적 가치가 없다고 할 수 있을까?

꼭 그렇지만은 않다. 회사로선 '어떤 권리'가 앞으로 어떤 쓰임새를 가지고 있기 때문에 계속 보유하면서 사용하고 싶다고 해보자. 비록 외부와 거래할 수는 없지만 그 권리는 분명히 앞으로 쓰임새가 있는 것이므로, 결국 경제적 가치가 있다고 볼 수 있다.

여기서 '자산'의 회계학적 정의를 다시 써보자.

"자산은 미래에 경제적 효익을 가져다주는 자원이다."[1]

즉 무언가가 '앞으로 쓰임새가 있다'는 것은 바로 '미래에 경제적 효

---

1 권수영, 2013, 회계학 이야기, p. 108

익을 가져다준다'는 것이다. 물론 여기서 미래에 경제적 효익의 유입은 거의 확실시되어야 하고 그 금액을 합리적으로 추정할 수 있어야 한다. 반대의 관점에서, 무언가가 '미래에 효익을 가져다주지 않으면', 그때는 비용이다.

앞서 예를 다시 보자. 회사가 신약 개발을 위한 임상실험에 막대한 연구개발비를 소모한 경우 동 개발비는 자산인가 아니면 비용인가? 답은 동 개발비가 미래에 효익을 가져다줄 것이 확실시 된다면 '개발비(무형자산)'으로 기재하고, 그렇지 않으면 '연구개발비(비용)'으로 기재한다.

최근 바이오기업의 연구개발비의 회계 처리가 많은 이슈가 된다고 했다. 즉 바이오기업의 막대한 연구개발비지출이 미래에 경제적 효익을 가져다줄지 아니면 그렇지 않을지가 판단의 핵심이다.

그래서 당신이 재무제표에서 '개발비(무형자산)', '연구개발비(비용)' 항목을 보게 되면, 잠시 멈춰서 이들이 분명 '어떤 효익이나 가치가 있는지?' 아니면 '미래에 효익을 가져다주지 않지만, 어떠한 기여가 있었던 연구개발 지출이었는지?'를 생각해봐야 한다. 이들 항목의 액수가 크다면, 기업가치에 미치는 영향이 상당할 것이므로 보다 세심히 살펴보자.

자산
vs. 비용 ②

자산의 미래 경제적 효익(또는 경제적 가치)는 소멸·상실되기 마련이고,
그 만큼을 비용으로 전환시켜야 한다.

앞서 자산은 미래의 경제적 효익을 가져다주고, 비용은 그렇지 않다
고 했다. 그렇다면 지금까지 쓰임새가 있었던 어떤 자산이 앞으로 쓰
임새가 사라져 미래에 경제적 효익을 가져다주지 않는다면 어떻게 해
야 할까?

모든 자산의 쓰임새 즉 경제적 효익은 결국 언젠가는 소멸하기 마련
이다. 이처럼 경제적 효익이 소멸하면 자산은 비용으로 전환되어야 한
다. 경제적 효익이 소멸하면 그건 '공(空) 자산'이기 때문이다.

회계학에서는 이러한 관점에서 자산을 '소멸되지 않은 원가'라 하

고, 비용을 '소멸된 원가'라고도 한다.[2] 자산은 앞으로 돈을 벌어다줄 수 있지만, 비용은 과거에 효익을 주었을망정 앞으로는 돈을 벌어다주지 못한다. 그래서 자산은 언젠가는 그 효익이 소멸되면서 비용으로 전환시켜야 한다.

감가상각과 자산손상

자산은 미래 경제적 효익이 소멸되는 때에 반드시 그만큼 비용으로 전환해야 한다. 이와 관련된 대표적 회계처리가 '감가상각'과 '자산손상'이다.

어떤 자산이 '감가상각'되는 경우를 보자. 감가상각은 어떤 자산의 경제적 효익이 시간의 경과에 따라 자연적으로 소멸하는 것이다. 1년 이상 사용하는 건물, 기계장치 등 유형자산에 적용된다.

예를 들어, 회사가 '자동차'를 올해 초 5,000만원에 취득했는데 앞으로 10년 정도 쓰면 쓰임새가 없어진다고 하자. 그럼 올해 말에 다음과 같은 분개를 수행해야 한다.

> 차변) 감가상각(비용) 500만원   대변) 자동차(또는 감가상각누계액[3]) 500만원

---

2 권수영, 2013, p.108.

3 '감가상각누계액'은 소위 자산의 차감성격이라고 하는데, '자동차'를 직접 감액하기 보다는 감가상각누계액이라는 (-)자산으로 표기해놓고 추후에 재무제표에 '자동차-감가상각누계액'으로 기재한다. 여기서는 알기 쉽게 '자동차'라 생각하자.

위 분개는 올해 초 취득한 자동차를 총 10년 동안 쓸 수 있는데, 올해 말이면 1년이 지났으므로 1/10만큼 그 효익이 소멸되어 이를 비용으로 전환시킨 것이다.

이번에는 어떤 자산이 '손상'되는 경우를 보자. '자산손상'은 시장가치의 급격한 하락 등으로 어떤 자산의 경제적 가치가 현저히 낮아지는 경우를 의미한다.

예를 들어, 앞서 회사가 올해 초 5,000만원에 취득한 '자동차'의 중고차시장의 시세가 현저히 하락해 장기간 회복이 불가능하다고 하자. 올해 말 시세가 2,000만원이 되었다고 하자. 그럼 올해 말에 다음과 같은 분개를 수행해야 한다.

우선 10년 동안 사용가능한데 1년 동안 사용했으므로 감가상각은 그대로 수행한다.

> 차변) 감가상각(비용) 500만원   대변) 자동차(또는 감가상각누계액) 500만원

이후 자산손상을 추가적으로 반영해야 한다. 시세가 2,000만원이므로 2,500만원을 추가로 감액해야 한다.

> 차변) 손상차손(비용) 2,500만원   대변) 자동차(또는 손실누계액) 2,500만원

지금까지 살펴본 것과 같이, 자산의 미래 경제적 효익은 소멸 또는 상실되기 마련이고, 이렇게 소멸 또는 상실되는 만큼을 비용으로 전환

시켜야 한다.

당신이 재무제표(손익계산서)에서 '감가상각(비)'이라는 항목을 보면, 자산의 가치가 점차 소멸되는 과정으로 생각하면 된다. 그래서 실제 현금의 유출과는 무관하다고 보면 된다.

반면 재무제표(손익계산서)에서 '손상차손'이라는 항목을 보면, 실제 현금의 유출은 없었지만 그 자산의 가치가 현저히 하락했음을 알게 된다. 만일 자산의 금액이 크다면, 이러한 손상차손이 어떻게 나타났는지 궁금해 할 필요가 있다.

자본과 부채는
동일한 의무?

자본과는 달리 부채에는 원금상환, 이자지급
그리고 각종 채무이행조항 등 회사가 지는 의무가 상당하다.

자본이나 부채 모두 회사가 미래에 지는 의무라는 측면에서는 본질은 같다. 자본은 창업이나 증자 시 주식을 발행한 경우, 회사는 청산 시 '주주'에게 청산 재산을 통해 마련한 현금을 지급해야 하는 '의무'를 기록한 것이다. 부채는 회사 운영에 필요한 자금을 제 3자(채권자)에게 빌리고 미래에 현금을 되갚아야 하는 '의무'를 기록한 것이다.

그런데 자본은 소유주가 회사를 위해 납입하는 사업자금이고, 부채는 회사의 의지로 채권자에게 자금을 빌리는 빚이라 볼 때, 의무이행을 위한 압력이나 각종 제한 사항이 다르다. 회사 입장에서 양자의 차이를 언급해보면, 다음과 같다.

첫째, 자본은 이익이 발생할 경우 이익(관련 배당 포함)에 대해 권리를 부여하지만, 부채는 이익 발생여부와 상관없이 정해진 이자를 지급해야 한다.

둘째, 자본의 경우 청산 시가 아니라면 납입된 자본을 분배하지 않지만, 부채의 경우 계약된 시기에 원금을 상환해야 한다.

셋째, 회사의 영업활동에 대해 주주에 의한 자발적 감시기능이 존재한다. 그러나 채권자에 의한 채무이행조항과 같은 강제적 제한은 아니다. 예를 들면, 회사가 금융기관 등으로부터 자금을 차입하는 경우는 청산배당(이익 없이 배당지급), 신규차입의 제한 등과 같이 재무 및 투자 관련 결정에 있어 계약서에 명시된 제한을 적용받는다.

부채를 주의 깊게 봐야 한다

이와 같이 부채에 대해서 원금상환, 이자지급 그리고 각종 채무이행조항 등 회사는 상당한 수준의 의무를 갖는다. 회사의 부채가 증가하면 회사가 부담하는 위험은 그 이상으로 커지게 된다. 회사의 부채수준이 어느 정도 이상으로 증가하면 '회사가 계속 기업으로서 존속할 수 있을지'에 대한 의구심을 증폭시킬 수도 있다. 그래서 자본시장은 적정수준의 부채수준까지는 받아들이지만, 과도한 부채 수준에 대해서는 경계한다.

재무제표를 바라볼 때, 특히 부채에 대해서는 이렇게 회사가 갖는 의무의 내용과 수준에 대해서 주의 깊게 봐야 한다. 부채마다 원금상환, 이자지급 그리고 각종 채무이행조항 등이 상당히 다르다. 회사의 부채 항목 중 비중이 큰 항목은 특히 유심히 봐야 한다. 또한 부채비율 (부채/자본)이 기존에 비해 과도하게 증가할 때는 경계의 눈초리를 가져야 한다.

부채의
인식

부채는 미래에 경제적 자원의 유출을 통해 이행이 예상되는 의무인데,
그 금액을 신뢰성 있게 추정할 수 있을 때 인식한다.

투자자나 재무제표의 이용자 관점에서 부채 항목은 중요하다. 앞에서 '부채'는 제3자에 대한 의무라고 간략히 말했다. 보다 자세히 정의하면, '부채'는 '경제적 자원의 유출을 통해 이행될 것으로 예상되는 의무'로 정의될 수 있다. 그런데 부채로 인식해 기록하려면, 그 '금액을 신뢰성 있게 추정'할 수 있어야 한다.

삼성바이오 사례로 살펴보는 부채의 인식
최근 논란이 되었던 삼성바이오의 사례를 통해 부채의 인식에 대해 살펴보자.

162

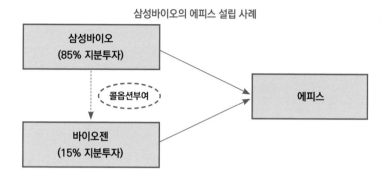

삼성바이오의 에피스 설립 사례

"삼성바이오는 2012년 미국의 제약회사인 바이오젠과 합작해 '삼성바이오에피스(이하 에피스)'를 설립했다. 당시 삼성바이오의 지분율은 85%, 바이오젠은 15%였다. 에피스 설립시점에 삼성바이오는 바이오젠과 콜옵션 계약을 체결했는데, 바이오젠이 현재 지분율과 상관없이 에피스 지분 50%에서 1주를 뺀 지분을 구입할 수 있다고 한다."[4]

위의 예는 다소 복잡해 보이는데, 문제의 핵심은 '삼성바이오가 바이오젠에 부여한 콜옵션을 부채로 올릴 것인지 말 것인지'이다.

향후 바이오젠이 콜옵션을 행사할 가능성이 높은 경우, 삼성바이오는 에피스의 주식을 싸게 팔아야 할 의무가 있으므로 부채를 기록해야 한다. 반대로, 바이오젠이 콜옵션을 행사할 가능성이 희박하면, 삼성바이오는 부채로 인식할 필요는 없다.

즉 삼성바이오는 콜옵션에 대한 주주계약에 대해 별다른 회계처리

---

4 출처 : 스트레이트뉴스, '삼성바이오로직스 분식회계' 우리에게 무엇을 남겼나〈1〉',손혁(계명대 회계학과 교수), 2018.11.30.

를 하지 않을 수도 있고(ⓐ), 할 수도 있다(ⓑ).[5]

삼성바이오가 바이오젠의 콜옵션 행사 가능성을 희박하다고 보고 설립시점에 콜옵션에 대해 인식하지 않을 수 있다(ⓐ). 이 경우 삼성바이오는 '콜옵션만큼의 의무'는 존재하지 않는 것으로 본 것이다. 따라서 콜옵션에 대한 별도의 회계처리는 없다. 만약 바이오젠이 예상과 달리 향후 콜옵션을 행사하면, 삼성바이오는 '주식양도 대금을 얻고 자신의 보유 주식을 주는' 사건에 대해 단순한 회계처리를 하면 된다.[6]

이번에는 삼성바이오는 에피스 설립 당시 '향후 바이오젠이 콜옵션을 행사할 가능성이 매우 높다'고 판단해 이를 부채로 인식했다고 하자(ⓑ). 이 경우 에피스 설립당시 삼성바이오의 분개는 다음과 같을 것이다('에피스 지분 취득'시점과 동시에 바이오젠에게 '콜옵션'을 부여한다고 간주한다).

차변) 투자주식(에피스) XXX	대변) 현금(자본 납입) XXX
	파생상품부채(바이오젠) XXX[7]

위 분개는 콜옵션을 미래에 발생한 의무로서 인식해 부채(파생상품부채)로 기재한 것이다. 만약 바이오젠이 콜옵션을 행사한 경우 파생상품부채를 제거하는 회계처리를 하게 된다.

---

5 여기서는 '어떠한 회계처리가 옳은가?'는 논의하지 않기로 한다.
6 다음과 같은 간단한 회계처리이다. 차변) 현금 XXX / 대변) (에피스) 주식 XXX
7 좀 어려운 내용이지만, 부채의 성격에 따라 상대계정은 투자주식 외에 비용이 될 수도 있다.

ⓐ, ⓑ 회계처리의 결정적 차이

위 ⓐ, ⓑ 회계처리의 차이는 삼성바이오가 '바이오젠에게 부여한 콜옵션을 부채로 인식하는지 아니면 그렇지 않는지'에 있다.

'부채'는 '경제적 자원의 유출을 통해 이행될 것으로 예상되는 의무'로 정의될 수 있다. 그런데 부채를 인식하려면, 그 '금액을 신뢰성 있게 추정'할 수 있어야 한다. 즉 부채의 정의에 부합되면서 금액을 신뢰성 있게 추정할 수 있어야 하는 것이다.

회사가 콜옵션이 행사될 가능성이 희박한 경우뿐만 아니라, 콜옵션에 따른 경제적 자원의 유출을 예상하고 있더라도, 만약 그 금액을 신뢰성 있게 추정할 수 없다면 ⓐ와 같이 부채로 인식(장부에 기재)하지 않는다.[8]

반면 콜옵션에 따른 경제적 자원의 유출을 예상하고 있고 그 금액을 신뢰성 있게 추정할 수 있다면 ⓑ와 같이 부채로 인식한다.

당신이 회사의 재무제표에서 이러한 '파생상품부채' 항목을 보게 되면, 회사가 향후 이행할 의무가 존재하므로 미래에 대규모의 자금 유출이 발생할 수 있음에 주목해야 한다.

---

[8] 부채 인식 여부와 상관없이, 회사는 주석 등을 통해 콜옵션에 대해 적절히 공시할 의무는 있을 것이다.

부채일까,
자본일까?

신주인수권부사채, 전환사채 등과 같은 옵션부사채는
채권금액에 해당하는 부채와, 옵션에 해당하는 자본으로 구분 기재한다.

최근에 부채에 각종 주식옵션이 부여되어, 부채 항목을 어렵게 한
다. 회사는 각종 회사채에 주식옵션을 붙인 일종의 옵션부사채(Bond
with option)를 발행한다. 이러한 옵션부사채로 인해 부채와 자본의 경
계가 모호해진다.

옵션부사채에는 대표적으로 신주인수권부사채와 전환사채가 있다.
자세한 내용을 살펴보자.

회사가 신주인수권부사채나 전환사채를 발행하는 경우, 채권 발행
과 더불어 공히 채권자에게 주식에 대한 권리를 부여하게 된다.

신주인수권부사채

신주인수권부사채는 채권과 별도로 '신주인수권'이라는 특별한 권리가 부여된다. 일반 회사채와 동일하지만 회사가 신주를 발행하는 경우 채권자는 미리 약정된 가격에 따라 신주의 인수를 청구할 수 있다. 채권자가 신주인수권을 실제 행사하게 되면, 회사는 해당 금액만큼 신주를 주게 된다. 이때 기존 채권은 그대로 유지된다.

신주인수권부사채의 회계처리는 복잡하다. 신주인수권부사채를 발행할 시점의 회계처리를 단순화하면, 일반사채와 같이 '부채'로 보되, 신주인수권은 신주인수권대가라는 자본(기타자본잉여금)항목으로 기록하는 논리다. 신주인수권은 향후 주식을 받을 수 있는 권리이므로, 회사로선 향후 주식을 (상대적으로 싼 값에) 발행해야 할 의무를 갖는다. 어쨌든 회사로선 자본에 해당한다.

다음의 발행 시 회계처리를 보자.

| 차변) 현금 XXX | 대변) 신주인수권부사채 XXX[9] |
| | 신주인수권대가(기타자본잉여금) XXX |

결국 신주인수권부사채는 채권에 해당하는 '부채'와 신주인수권에 해당하는 '자본'으로 구분해 기록하는 셈이다.

---

9 정확히는 '신주인수권부사채'를 기록하기 위해, 각종 '할증(인)액'과 '신주인수권조정'이라는 복잡한 차(가)감계정이 사용된다. 여기서는 모두 조정된 금액을 사용하기로 한다.

전환사채

전환사채는 채권을 발행 시 주식전환권이 함께 부여된다. 일반 회사채와 동일하지만 일정 기간이 지나면 채권자가 채권을 주식으로 전환할 수 있다. 채권자가 주식전환권을 실제로 행사하게 되면 채권은 주권으로 바뀐다. 이때는 회사의 전환사채는 자본으로 전환한다.

주식전환권은 향후 채권을 주식으로 전환할 수 있는 권리이고, 회사로선 향후 주식을 해당 채권액만큼 주식을 발행해야할 의무를 갖게 된다. 이 또한 주식을 발행하므로 자본의 성격이다.

다음의 전환사채 발행 시 회계처리를 보자.

차변) 현금 XXX	대변) 전환사채 XXX[10]
	전환권대가(기타자본잉여금) XXX

전환사채도 일반사채와 같이 '부채'로 보되, 주식전환권은 전환권대가라는 자본(기타자본잉여금)항목으로 구분해 기록하는 논리다.[11]

전환사채의 발행 시는 신주인수권부사채와 유사하다. 그러나 신주인수권부사채의 경우 신주인수권을 행사하더라도 채권이 유지되지만, 전환사채의 경우 채권자가 전환권을 행사하게 되면 모두 자본으로 대

---

10 정확히는 '전환사채'를 기록하기 위해, 각종 '할증(인)액'과 '전환권조정'이라는 복잡한 차(가)감계정이 사용된다. 여기서는 모두 조정된 금액을 사용하기로 한다.

11 최근에는 채권자와의 다양한 약정을 부가해 발행함에 따라, 신주인수권대가 및 전환권대가를 자본(기타자본잉여금)이 아닌 부채로 인식되는 경우도 빈번하다.

체되므로 채권은 사라진다.

당신이 재무제표에서 '신주인수권대가'나 '전환권대가'라는 항목을 보게 되면, 회사가 향후 주식을 추가로 발행할 수 있음을 알게 된다. 즉 시장에 유통될 주식수가 늘어날 가능성이 큼을 알 수 있다. 그런데 회사가 돈이 필요하면 단순히 사채를 발행하면 되는데, 어떤 연유에서 각종 옵션부사채를 발행하게 되었는지를 알아보자. 만약 그 이유가 '어떤 옵션을 부여하지 않는다면 채권자가 돈을 빌려주지 않을 상황'이라면 각별한 주의가 필요하다.

재무상태표의 세부항목

자산, 부채는 구체적 형태에 따라 각각 세분화해 공시하고, 자본은 규제에 따라
자본금, 자본잉여금, 이익잉여금, 기타자본, 기타포괄손익누계로 구분해 공시한다.

　　앞서 재무상태표는 '경제적 가치를 가진 자산과 의무(부채 및 자본)를 기록한 장부'라고 했다. 재무상태표를 공시할 때는 차변의 '자산 항목'과 대변의 '부채 및 자본 항목'을 각각의 형태별로 세분화해 보여주는 경우가 일반적이다.

　　우리 개개인은 흔히 다양한 형태의 재산을 가진다. 예를 들면, 예금, 주식, 부동산 등이 그것이다. 마찬가지로 회사의 자산도 이와 같이 다양한 형태를 가지고 있다. 대표적인 형태들은 현금 및 예금, 매출채권, 재고자산, 금융자산, 유형자산, 무형자산 등이다.

　　또한 회사의 부채도 다양한 형태를 가진다. 매입채무, 금융부채, 충당부채 등이 그것이다. 자본도 다양한 형태를 갖지만, 각종 법규를 통

해 공시와 관리 상 규제를 받기 때문에 대부분 항목은 법에 의해 정해져 있다.

재무상태표의 자산 항목

자산, 부채 및 자본 항목을 일반적 형태에 따라 세분화해 아래와 같은 재무상태표의 형태로 공시하는 것이 일반적이다.

일반적 공시형태의 '재무상태표'

자산	부채
1. 현금 및 현금성자산 2. 매출채권 및 기타채권 3. 재고자산 4. 금융자산 5. 유형자산 6. 무형자산 7. 기타자산	1. 매입채무 및 기타채무 2. 금융부채 3. 충당부채 4. 이연법인세부채 5. 기타부채
	자본
	1. 자본금 2. 자본잉여금 3. 이익잉여금 4. 기타자본 5. 기타포괄손익누계

위 재무상태표의 자산 항목 중 몇 가지를 간단히 살펴보자.

재고자산은 회사가 판매를 위해 외부에서 구입하거나(상품이 된다), 회사 내부에서 생산(제품이 된다)하거나 생산 중인 (제공품, 원재료 등이 된다) 자산이다. 회사는 이들 재고자산을 결국에는 판매해 본원적 수익을 창출한다.

금융자산은 회사가 시세차익을 위해 혹은 투자나 다른 회사 지배를 위해 보유하는 주식이나 채권 등의 금융상품을 말한다. 회사의 보유목적에 따라 당기손익인식금융자산, 매도가능금융상품, 만기보유금융상품 등으로 분류한다. 우리 개인들도 주식이나 채권 등 금융상품을 재산으로 보유하는데, 회사가 보유하는 다양한 목적의 금융상품으로 이해하면 된다.

여기서 매출채권 및 기타채권은 회사가 판매활동 등 본원적 영업활동을 위해 보유하는 채권이므로 금융자산과는 다름에 유의해야 한다. 금융상품은 투자목적에서 보유하는 재산이지만, 매출채권 등은 투자목적에서 보유하는 것이 아니고 물건 등을 팔고 그 대가를 나중에 받기로 한 것이다.

유형자산은 회사가 연구개발, 생산 및 판매활동 등 영업활동을 위해 사용할 목적으로 보유하는 건물, 토지, 공장, 기계장치 등의 자산이다. 회사가 상품이나 제품을 구입 또는 생산해 최종적으로 소비자에게 판매하기 위해 필요한 모든 설비 및 제반 자산으로 보면 된다. 재고자산은 회사가 판매활동을 통해 수익을 얻기 위해 보유하는 자산임에 반해, 유형자산은 회사가 판매 그 자체를 위한 자산이 아님에 유의해야 한다.

무형자산은 유형자산과 마찬가지로 영업활동을 위해 사용할 목적으로 가진 자산이다. 그러나 특허권, 라이센스, 영업권 등 물리적 형체가 없다. 물리적 형체가 없지만 경제적 가치(또는 쓰임새)가 없는 것은 아니니 공(空)자산과 구분해야 한다. 공(空)자산을 쉽게 이해하기 위해 실체 없는 자산이라는 표현을 썼는데 이 경우 '실체 없는'의 의미는 '경제적 실체 또는 가치가 없는'이라 할 수 있다.[12]

재무상태표의 부채 항목

다음은 부채 항목을 간단히 보자.

매입채무는 외상으로 원재료, 상품 및 서비스를 받은 경우 되갚아야 할 빚이다. 기업이 다른 기업으로부터 상시적으로 물건을 구입할 경우 통상 현금을 지급하는 대신에 매입채무를 진다. 한편, 기타 채무는 매입채무 이외에 회사가 유형자산 구입 등 본원적 영업활동을 위해 부수해 발생한 빚이라 할 수 있다.

금융부채는 재고자산이나 유형자산 등의 개입 없이 순수하게 자금 조달 목적으로 빌리는 빚으로 사채, 차입금 등이 해당된다.

충당부채는 지출 시기나 금액이 불확실하지만 경제적 자원이 유출될 가능성이 매우 높고 해당 금액을 신뢰성 있게 추정할 수 있을 때 기록하는 부채이다. 당장은 현금 지급은 없으나, 향후 사건 발생 시 현금 유출 가능성이 높다고 판단해 미리 기록하는 것이다. 보수적이고 대

---

12 공(空) 자산은 경제적 실체·가치·쓰임새가 없는 자산이라 할 수 있고, 무형자산은 경제적 실체·가치·쓰임새는 있지만 물리적 형태가 없을 뿐이다.

비적인 입장의 회계처리라 볼 수 있다. 퇴직급여충당금, 제품보증충당금, 공사손실충당금, 장기수선충당금 등 회사마다 다양한 충당부채를 가진다.

재무상태표의 자본 항목

마지막으로 자본 항목을 살펴보자.

자본금은 주주가 납입한 자금 중 액면가에 해당하는 금액이다. 통상 주식 액면가를 초과해 주주가 돈을 납입하므로, 이러한 초과 금액은 자본잉여금으로 계상된다.

이익잉여금은 회사에서 벌어들인 순이익에서 배당금을 지급한 이후 남은 금액의 누적이다. 이 부분의 회계처리에 대해 복잡하게 생각하는 경우가 많은데 의외로 간단하다. 우선은 당기 말에는 당기순이익만큼 이익잉여금 항목으로 자본이 늘어난다(이미 장부마감을 해보았다). 만약 회사가 배당금을 지급한다면 그때는 그만큼의 이익잉여금을 줄여주게 된다. 배당금 지급 시 회계처리를 간단히 해보자.

차변) 이익잉여금(배당금 해당액) XXX	대변) 현금 XXXX

회사가 배당금을 지급하는 행위는 주주에 대한 의무를 이행하는 것이므로 자본이 줄어드는 것은 당연하다.

기타자본은 주주와의 관계에서 지는 의무의 성격이나, 자본금이나

174

자본잉여금으로 볼 수 없는 항목이고, 기타포괄손익누계는 손익계산서를 거치지 않고 곧 바로 자본에서 가감되는 성격의 항목이다. 매우 어려운 계정들이 포함되어 있으므로, '기타포괄손익누계'라는 제목 정도만 기억하자.

손익계산서의
세부항목

손익계산서는 '영업활동'과 '영업외 활동'으로 인한
각각의 손익을 구분해 공시하는 것이 일반적이다.

앞에서 손익계산서를 통해 특정기간 동안 '경제적 가치의 획득-상실'에 대한 자세한 정보를 얻을 수 있다고 했다. 비교해보면, 단식부기의 경우 특정기간 동안 '현금유입-현금유출'에 대한 정보를 얻을 수 있다.

좀 어려운 용어로, 복식부기는 '발생주의'를 적용하고, 단식부기는 '현금주의'를 적용하는 차이가 있다. 발생주의 회계는 현금의 수입이 없이도 수익인식 기준에 부합되면 수익으로, 현금의 지출 없이도 비용인식 기준에 부합되면 비용으로 기록한다.

지금까지 구체적인 수익인식 기준이나 비용인식 기준에 대해 살펴보지 않았지만, 공(空)의무나 공(空) 자산이 기록되는 부분에서 수익과 비용이 인식된다고 간편하게 생각하자. 어쨌든 '수익'과 '비용' 항목 그 자체는 '현금의 수입 및 지출'과는 관련성이 없다는 것을 이미 알고 있다(물론 '수익'과 '비용'의 상대 계정은 현금관련 계정이 있을 수 있다).

수익 항목과 비용 항목으로 세분화

발생주의 회계를 통해 수익과 비용을 인식할 수 있는데, 손익계산서를 공시할 때는 '수익 항목'과 '비용 항목'을 각각 세분화해 다음과 같이 각 수익에서 대응하는 각 비용을 차감하는 방식으로 보여주는 경우가 일반적이다.

일반적 공시형태의 '손익계산서'

매출액 – 매출원가
= 매출총이익
– 판매비와 관리비 (급여, 복리후생비, 광고선전비, 대손상각비, 임차료, 회의비 등)
= 영업이익
+ 영업외 수익 (이자수익, 배당금수익, 투자자산 평가·처분이익[13], 외환차익 등) – 영업외 비용 (이자비용, 투자자산 평가·처분손실, 외환차손 등)
= 법인세비용차감전 순이익
– 법인세 비용
= 당기순이익 (또는 당기순손실)
± 기타포괄손익[14]
= 총포괄손익

---

13 투자자산 평가·처분이익(손실)은 각종 금융상품이나 부동산 등 투자목적의 자산을 평가하거나 처분했을 때 발생한 이익(손실)이다.

14 기타포괄손익은 당기순이익(또는 당기순손실)에 포함시키지 않고 자본에서 직접적으로 가감하는 항목으로 규정된 손익이다. 그러므로 당기순이익(또는 당기순손실)에는 영향을 미치지 않는다.

아래 5가지 분류기준을 살펴보면, 위와 같은 손익계산서의 틀이 쉽게 이해된다.

첫째, 기업이 재고자산(상품 또는 제품 등)의 '판매활동'으로부터 수익과 비용이 발생하면 각각 매출액, 매출원가로 계상한다.

둘째, 기업의 주요 영업활동(이는 본원적 활동이다)에서 발생하는 수익과 비용은 영업수익과 영업비용(위에서 판매비와 관리비)이다.

셋째, 기업의 영업이외의 활동(이는 부수적 활동이다)에서 발생하는 수익과 비용은 영업외수익과 영업외비용이다.

넷째, 법인세 비용은 별도로 분리해 공시한다.

다섯째, 대부분의 수익과 비용 항목은 당기순이익(또는 당기순손실)을 구성하게 되지만, 재무상태표의 자본에 직접적으로 가감하는 항목도 있다. 이를 '기타포괄손익'이라 한다.

5가지 분류방식을 적용하는 이유

위와 같은 분류방식을 적용하는 이유는 분명하다. 정보이용자들에게 보다 중요한 순서로 정보를 알려주는 것이다. 즉 기업의 본원적 활동인 '판매활동을 포함한 영업활동'으로 인한 손익 정보를 우선적으로 보여준다. 그 이후 '영업외 활동'으로 인한 손익 정보를 보여주게 된다. 법인세 비용을 분리해서 보여주는 이유는 세무당국이나 세무적 관점에서 정보가 필요하기 때문이다. 기타포괄손익은 매우 어려운 항목인데, 손익항목의 성격은 있으나 당기순이익에 포함시켜 공시할 정도의 성과정보는 아니다.

　재무제표이용자로서 기업의 가치를 가늠하기 위해서는 '영업손익 (영업이익 또는 영업손실)' 정보가 특히 중요하다. 기업의 본원적 활동에서 이루어지는 손익이 지속적인 이익 창출능력을 보여줄 수 있기 때문이다.

지속적 손익
vs. 일시적 손익

기업의 가치를 정확히 가늠하기 위해서는 손익계산서 항목에서
일시적 손익을 배제하고 지속적 손익을 가지고 평가해야 할 필요가 있다.
손쉽게는 지속적 손익으로 영업손익을 이용하는 편법이 있기도 하다.

　재무제표 이용자로서 어떤 기업의 가치를 가늠하기 위해서 가장 중
요한 것이 무엇일까? 그것은 바로 '기업이 지속적으로 이익을 창출할
능력이 있는가?'이다.

　물론 기업의 지속적 이익창출 능력을 살펴보기 위해서는 우선 '영업
손익' 정보가 중요하다. 그런데 보다 엄밀한 분석을 위해서는 '지속적
손익'과 '일시적 손익'을 구분해서 볼 필요가 있다.

　'지속적 손익'은 당해 발생한 손익 항목이 차후에도 유사한 크기로
지속적으로 발생할 가능성이 높은 손익이다. 반면 '일시적 손익'은 당
해 발생한 손익 항목이 차후에도 유사한 크기로 발생할 가능성이 희박

하고 손익이다.[15]

영업손익은 본원적 영업활동에서 발생한 손익이므로, 지속적 손익과 유사할 수도 있다. 반면, 영업외 손익은 비경상적 영업외 활동에서 발생한 손익이므로 일시적 손익과 유사할 수도 있다. 그러나 '영업'과 '영업외'는 회사의 활동의 차이이고, '지속적'과 '일시적'은 이익 지속성의 차이이므로 엄밀히는 다르다.

지속적 손익과 일시적 손익의 구별

일반적 공시형태의 '손익계산서'

매출액
− 매출원가
= 매출총이익
− 판매비와 관리비 (급여, 복리후생비, 광고선전비, 대손상각비, 임차료, 회의비 등)
= 영업이익
+ 영업외 수익 (이자수익, 배당금수익, 투자자산 평가·처분이익, 외환차익 등 − 영업외 비용 (이자비용, 투자자산 평가·처분손실, 외환차손 등)
= 법인세비용차감전 순이익
− 법인세 비용
= 당기순이익 (또는 당기순손실)
± 기타포괄손익
= 총포괄손익

---

15 김권중, 2015.

여기에서 판매비와 관리비 항목은 통상적으로는 지속적 손익에 속하나, 거래나 사건의 일시성 때문에 발생하면 일시적 손익이 될 수도 있다. 예를 들면, 당해 재고자산 감모손실이나 폐기손실이 예기치 않게 발생한 경우라면 일시적 손익이라 하겠다.

영업외 손익 항목 중에는 다양한 원천의 일시적 손익이 있다. 투자자산이나 금융자산의 평가손실 등과 같이 기업이 보유하는 자산 및 부채의 공정가치의 변동 때문에 일시적 손익이 발생할 수 있다. 또한 자산의 폐기와 처분 등 거래나 사건의 일시성 때문에 일시적 손익이 발생할 수 있다.

반면 영업외 손익이라도 지속적 손익에 속하는 항목들이 있다. 예를 들면 이자수익이나 이자비용은 미래에도 지속성이 높은 지속적 손익이 될 수 있다.

일시적 손익과 지속적 손익을 구분

이와 같이 일시적 손익과 지속적 손익을 구분해서 볼 필요가 있는 이유는 명확하다. 만약 회사의 당기순이익에 많은 항목이 일시적 손익으로 구성되어 있다면, 당해 이익이 미래에도 계속 지속될 가능성이 낮기 때문이다. 그래서 재무제표 이용자로서 기업의 가치를 정확히 가늠하기 위해서는 필요에 따라 일시적 손익을 배제하고 지속적 손익을 가지고 평가해볼 필요가 있다.

한편 재무제표를 살펴볼 때, 지속적 손익과 일시적 손익을 손쉽게 구분하는 간편법이 있다. 3개년 치 재무제표(연도별 또는 분기별 포함)를 비교해보면서, 손익계산서의 각 손익항목이 지속적인지 아니면 일시적인지 가늠해보는 것이다.

실제로 당신의 손으로 직접 주기별 변화를 기재해보면, 과거부터 현재에 이르기까지 지속적 항목과 일시적 항목이 구분되고 그 속에 공개되지 않는 무언가를 예기치 않게 발견할 수도 있다. 예를 들어 '지속적 항목의 패턴인데 특정 기에 큰 변화가 있다든지' 아니면 '일시적 항목의 패턴인데 특정 기들에 연이어 큰 금액이 발생한다든지'이다. 그렇다면, 그러한 패턴 속에 큰 변화에 집중해 그 이유를 알아보도록 하자.

요컨대 지속적 손익이야말로 기업의 가치와 직결되므로 집중해야 한다. 이러한 관점에서 '매출액 대비 지속적 이익률'을 산정해야 한다. 많이 복잡하다고 생각되면, 대신 (매출액 대비) 영업이익률을 산정해보자. 회사의 지속적 이익률(또는 영업이익률)이 일정히 유지되거나 꾸준히 성장한다면 훌륭한 영업능력을 가진 것이다. 만약 20%이상의 지속적 이익률(또는 영업이익률)을 창출하는 기업이라면 그 기업은 독점적이고 배타적인 사업적 우위를 가진다고 봐도 무방하다.

우리가 재무제표를 바라볼 때 반드시 어떤 '관점'을 가져야 한다. 그건 기업의 진정한 가격에 온 정신을 집중하는 것이다. 지금까지 목적도 없이 재무제표를 훑어보았다면 당신은 수박 겉핥기를 한 것이다. 단지 재무제표 안에서 흩어져 있는 각 계정들을 조각으로 이해하는 것만으로는 공허하다. 기업의 본질적 가격을 찾아내려는 냉철한 눈으로, 재무제표를 날카롭게 파헤쳐서 분석해야 한다. 6장에서는 재무제표의 요소들을 잘라내고 붙여서 기업가치에 직결되는 핵심지표들을 만든다. 재무제표로부터 추출되는 어떤 '비율'이든 '절대치'이든 그 값의 의미를 정확히 이해해야만 진정 재무제표에 접근할 수 있게 된다. 이제는 재무제표를 제대로 꿰뚫어보는 눈을 가져보자.

6

재무제표를
꿰뚫어보는 법,
가치평가의 눈

왜 재무제표를
분석하는가?

기업의 주가는 장기적으로 본질적 가치를 벗어날 수 없다.
그래서 재무제표를 반드시 봐야 하는 것이다.

재무제표를 분석하는 이유는 '회사의 경영실적이 괜찮은가?' 또는
'회사의 재정상태가 괜찮은가?' 등을 파악하기 위해서다. 물론 맞는 말
이고 좋은 말이다. 정보이용자들은 각자의 필요성에 따라 회사의 경영
실적과 재정상태를 알고 싶어한다.

그렇지만 재무제표를 분석해야 하는 진짜의 목적은 단연코 '가치평
가'이다. '가치'라고 표현하면 뭔가 거창한 것 같지만, '가치'는 결국
'가격'을 의미한다.

인간은 흔히 '호모 이코노미쿠스(Homo Economicus)로 불린다. 애덤
스미스가 그의 명저 『국부론』에서 언급한 이후, 주류 경제학의 기본
전제가 된다. 호모 이코노미쿠스는 '자신의 이익만을 생각하고 자신의

효용을 극대화'시키기 위해 노력하는 인간이다. 이러한 이기적 인간들이 상호 거래에서 합의에 이르는 지점에 '가격'이 형성된다.

결국 인간은 세상의 존재하는 무엇이든 가격을 알아내고 싶어 한다. 그건 우리의 본능이기 때문이다. 많은 노벨경제학자들에게 우리가 인류의 영광인 노벨상을 부여하는 이유도 바로 가격을 알아내는 방법에 접근했기 때문이다. 경제학자들이 고전파와 케인지언으로 나뉘어 그토록 논쟁하는 이유도 각자의 가격 결정 방법이 다르기 때문이다.

'재무학(Finance)'과 '회계학(Accounting)'에서도 '주가'와 '기업가치'의 결정 방법에 대해 끊임없는 고민을 해왔다. 여기서 '주가'는 1주당 가격을 의미하고, '기업가치'는 기업 전체의 가격(이는 시가총액이 될 수도 있다)을 의미한다. 그래서 '주가'나 '기업가치'나 모두 '가격'이라는 측면에서 본질은 다르지 않다.

올슨모형이 전하는 간명한 진리

이쯤에서 기업가치평가에 대한 혁명을 언급하지 않을 수 없다. 1995년에 미국 회계학자인 James A. Ohlson 교수가 Gerald A. Feltham교수와 함께 기업가치평가에 있어 실로 혁기적인 이론을 제시한다.[1] 회계학계에서는 소위 올슨(Ohlson)모형, 펜삼-올슨(Feltham-Ohlson)모형

---

1 Ohlson 교수는 주주지분가치평가(Equity Valuation)이론을 제시한 후, Feltham교수와 함께 기업가치평가(Firm Valuation)을 완성한다.

으로 통용된다.

기존에는 DCF법(Discounted Cash Flow법, 현금흐름할인모형)이라 해 미래현금흐름을 할인해 기업의 가치를 산정하고자 했다. 그런데 심각한 문제는 '미래의 현금흐름을 얼마다'라고 가정할 수는 있어도, 현재시점에서 그 금액을 추정할 수가 없다는 것이다. 결국 기업가치를 산정하는 이론적 방법은 맞지만, 실제 기업의 가치를 산정할 수는 없다. 즉 이론은 되겠지만, 실제로 가격을 알아내는 방법은 아니다.

그러나 Ohlson과 Feltham이라는 두 학자의 혁명적 발견 이후, 우리는 '회사의 재무제표를 이용해 실제로 기업의 가치를 산정'할 수 있게 되었다! 이렇게 산정된 기업가치는 내재가치 혹은 이론적 가치라 해 시장에서 거래되는 시장가격과는 다를 수 있다. 시장가격은 거래의 결과이기 때문에 사후에만 알 수 있다. 그러나 올슨모형을 통해 우리는 '가격'을 사전에 추정할 수 있게 되었다.

여기서 우리의 본능에게 물어보자. 우리는 기업의 '가격'을 알고 싶다. 당장은 너무 막연하다. 세상에 존재하는 그 많은 기업들의 가격을 어떻게 알아낸단 말인가?

그 답이 바로 '올슨모형'에 있다. 올슨모형은 간명한 사실을 말한다. 그 간명한 사실은 바로 이것이다.

'재무제표를 이용하면 기업의 본질적 가격을 알아낼 수 있다.'

재무제표 분석,
이것만 하면 된다

재무제표를 이용해 기업가치를 가늠하는 방법에는
'상대적 가치평가법'과 '절대적 가치평가법'이 있다.

　　앞서 재무제표를 분석해야 하는 이유를 분명히 했다. 당신이 막연히
'회사의 경영실적과 재정상태를 알기 위해서' 재무제표를 분석한다면
아마도 당신은 재무제표의 깊은 늪에서 헤어나지 못할 것이다.

　　혹자는 모든 사람들이 재무제표를 깊이 뜯어보고 회사의 실적과 재
정에 대한 심오한 무언가를 잡아내야 할 것처럼 역설하기도 한다. 나
아가 회계 부정이나 오류를 적발해야 할 것 같은 분위기다. 회계에 있
어 최고전문가인 공인회계사도 만만치 않은 일들을 심지어 회계입문
자에게도 본의 아니게 강요하게 된다.

관심 갖는 회사의 가격을 궁금해하자

이제부터는 공인회계사의 시각으로 재무제표를 보려는 흉내는 버리자. 그저 우리는 우리의 본능에 충실하면 된다. 그러니 우리가 관심 갖는 회사의 가격에 대해 궁금해 하자.

그래서 회사의 가격에 대해 알 수 있는 모든 방법은 동원하자. 많은 방법들이 있다. 우선 앞으로 역설하겠지만 회사의 재무제표를 보자. 그리고 신문이나 뉴스에서 돌아다니는 가격에 대한 담론을 듣자. 누구든 회사에서 발행하는 IR(Investor Relations)리포트를 읽어야 한다. 그리고 애널리스트 리포트를 다운받아 읽어야 한다.[2] 지금까지 어려운 회계를 공부한 이유가 바로 재무제표를 읽어내고, 뉴스를 듣고, IR리포트와 애널리스트 리포트를 이해하기 위함이라 해도 과언이 아니다.

회사의 가격을 가늠하는 2가지 방법

자, 이제부터가 본론이다. 우리가 '호모 이코노피쿠스'로서의 본능에 충실하다면, 우리는 재무제표를 이용해 회사의 가격을 가늠하려고 노력해야 한다.

앞으로 설명할 회사의 가격을 가늠하려는 노력은 크게 2가지 방법이다. 첫째는 상대적 가치평가법이고, 둘째는 절대적 가치평가법이다.

---

2 예를 들면, 네이버에서도 각종 애널리스트 리포트를 무료로 제공한다 (https://finance.naver.com/research).

첫째, 상대적 가치평가법은 어떤 유사한 비율을 통해 회사의 가격을 가늠하는 것이다. 예를 들면, 회사의 재무제표를 보고 '회사에 투자된 모든 원금 대비 회사의 이익수준(이는 투자수익률이다)'라는 특정 비율을 알게 되면, 주가(정확히는 주가수익률이다)도 그 정도로 가늠해볼 수 있다는 논리다. 회사가 자산을 잘 운영해 이익을 내는 만큼, 주주는 자신의 주식투자금액 대비 투자이익을 벌어들인다는 뜻이다.

둘째, 절대적 가치평가법은 앞서 올슨모형(펜삼-올슨모형 포함)을 통해 기업의 이론적 가격을 가늠하는 것이다. 올슨모형은 회사의 재무제표를 이용해 가격을 산정하기 때문에 당연히 그러한 재무제표이용방법을 알아야 한다.

미리 밝히지만, 상대적 가치평가법이든 절대적 가치평가법이든 현재의 재무제표에서 변형을 가해야 한다. 현재의 재무제표 양식(정확히는 재무상태표를 말한다)은 가치평가에는 적절하지 않기 때문이다.

우리가 '재무제표를 볼 수 있다'고 함은 재무제표안의 각 계정들의 의미만 파악하는 것으로는 여전히 부족하다. 앞으로 상대적 가치평가법이나 절대적 가치평가법에서 산정하는 어떤 '비율'이든 '절대치'이든 그 값의 의미를 정확히 이해해야만 진정 재무제표에 접근하는 것이다.

기존 재무상태표를
변형해야 한다

기업의 활동을 영업활동(투자활동 포함)과 재무활동으로 구분해,
순영업자산과 순영업부채로 표시되는 '가치재무상태표'를 사용해야 한다.

    기업은 '부가가치(이익보다 넓은 범위의 개념이다)'를 창출해 임직원에게 급여를 지급하고, 이자비용과 법인세를 부담한 이후 이익 중 일부를 주주에게 배당하고 남은 이익은 자본으로 적립한다.[3]

    현대의 기업 활동 목적이 '이익' 창출이라고 알려져 있다. 그러나 이는 정확한 것이 아니다. 기업을 포함한 모든 경제주체들은 '부가가치' 창출을 위해 노력한다고 보는 것이 맞겠다. 부가가치를 창출해야 기업에서 일하는 주체인 임직원에 대한 급여도 지급하고, 또 다른 참여자

---

3 부가가치는 '매출액-외부 구입재료와 서비스' 혹은 '매출액—외부 구입재료와 서비스-감가상각비'로 정의되며, 기업이 창출한 부가가치는 임직원(인건비), 채권자(이자비용), 정부(세금), 주주(배당), 이익 잉여금으로 배분된다.

(기여자)들에게 이자비용, 법인세 및 배당도 지급할 수 있는 것이다.

기업은 부가가치를 창출하기 위해 다양한 활동을 수행한다. 즉 기업은 재화·용역을 생산, 판매한다. 나아가 각종 영업용 또는 비영업용(또는 금융) 자산에 투자하고, 자금을 조달하는 활동 등을 수행한다. 간단히는, 기업은 생산(R&D포함), 판매, 투자, 재무 활동 등을 수행한다고 말할 수 있다.

그런데 기업이 부가가치를 창출하기 위해 수행하는 다양한 활동들이 중요한 정보임에도, 기존 형식의 재무상태표는 이러한 활동들을 각별히 고려하는 것은 아니다. 물론 기존 재무상태표의 자산과 부채, 자본의 내역을 보면 어느 정도의 활동 정보를 알 수 있기는 하다. 그러나 단순히 회사의 자산, 부채 및 자본이 내역별로 기재되어 있다고 보는 것이 맞겠다.

앞서 우리가 기업의 가치를 가늠하고자 할 때는 재무제표를 이용해야 한다고 했다. 그런데 기업이 부가가치를 창출하기 위해 수행하는 '다양한 활동을 반영 및 구분한 재무제표를 사용'해야 한다.

기업의 활동을 분류하는 기준과 그 이유

우선 기업의 활동을 분류하기 위해 다음의 기준을 고려해보자.

첫째, 기업의 활동은 크게 '영업활동'과 '재무활동'으로 구분한다.

둘째, '영업활동'은 기업의 본원적 활동인 생산 및 판매 활동이다. 나아가, 영업활동에 사용하기 위해 영업(용)자산을 취득하는 활동은 '투자활동'이며, 이는 넓은 범위의 '영업활동'에 포함된다. 또한 영업자산을 취득하기 위해 자금을 조달(소위 영업용 부채 발생)하는 활동도 역시 '영업활동'이다.

셋째, '재무활동'은 비영업활동으로, 영업활동(생산과 판매활동을 의미)과 직접적 관련없이 금융자산을 취득하거나 금융부채를 발생시키는 활동이다.

위의 3가지 분류기준이 다소 복잡해 보이지만, 간단히 보면 기업의 활동을 기업의 본원적 활동인 생산 및 판매와 관련된 '영업활동(투자활동 포함)'과 생산 및 판매와는 직접적 관련없이 단순히 금융형 자산과 부채를 발생시키는 '재무활동'으로 구분하는 것이다.

그렇다면 기업의 활동을 영업활동과 재무활동으로 구분할까? 그 이유는 기업은 영업활동에서만 (부가)가치를 창출한다는 전제가 있기 때문이다. 재무활동은 순전히 돈을 빌리고 갚는 행위로써 자금에 대한 이자만을 상호 지급 및 수취하게 된다. 이들 이자는 돈의 시간가치에 대한 합리적 대가이므로 새로운 가치가 창출되지 않는다고 본다. 단순히 돈이 시간 간 이전될 뿐이다.

영업활동과 재무활동으로 구분해보자

자, 이제는 기존의 재무상태표의 항목들을 영업활동과 재무활동으로 구분해 표기해보자. 자산은 영업활동 관련이면 영업자산으로, 재무활동 관련이면 재무자산이 된다. 부채도 영업활동 관련이면 영업부채이고, 재무활동 관련이면 재무부채가 된다. 여기서 자본은 발생 내역과 상관없이 순전히 자금을 조달하는 활동으로 보아 재무활동으로 간주한다.

활동이 구분된 재무상태표

영업자산 (영업활동) 예) 매출채권, 재고자산, 유형자산 등	영업부채(영업활동) 예) 매입채무 등
	재무부채(재무활동) 예) 사채, 차입금 등[4]
재무자산(재무활동)[5] 예) 각종 금융상품(투자주식, 채권 등)	자본

정리하면, 재무상태표의 각 항목을 영업활동과 재무활동으로 구분해야 한다. 즉 차변 항목을 영업자산과 재무자산으로 묶고, 대변항목을 영업부채, 재무부채, 자본 항목으로 구분해 묶는다.

이후 영업은 영업끼리, 재무는 재무끼리 묶어 다음과 같은 가칭 '가치재무상태표[6]'를 만들 수 있다. '가치재무상태표'로 이름을 붙인 이유는 향후 동 재무상태표가 가치평가를 위해 사용되기 때문이다.

---

4 재무부채를 '순전히 빌린 돈'이라 생각하면 이해가 쉽다. 물론 회사가 미래 사업을 대비해 사채 등을 발행할 수 있지만, 특정 자산의 취득이나 사용과 관련이 없으면 그냥 빌린 돈이라 생각하면 된다.
5 재무자산은 직접적인 영업활동과 상관없이 투자목적인 경우로 보면 이해가 쉽다. 즉 '순전히 투자한 돈'이다.
6 필자가 동 이름을 부여한 것이므로, 널리 통용되는 용어는 아님에 유의해야 한다.

가치재무상태표

순영업자산 (영업활동): 영업자산 – 영업부채	순재무부채 (재무활동): 재무부채 – 재무자산
	자본

위와 같이 가치재무상태표를 만들면, 영업활동과 재무활동이 명확히 구분되어 묶이므로 향후 가치분석이 용이하다. 한 가지 유의할 점은 위에서 '순영업자산'은 '영업투하자본'이라 불리고 있다는 것이다. 영업투하자본이라는 명칭에 자본이 포함되지만 엄연히 영업투하자본은 차변 항목의 '자산'임에 유념하자.

앞으로 다룰 상대적 가치평가법과 절대적 가치평가법 공히 이와 같이 변형된 '가치재무상태표'를 사용한다. 즉 상대적·절대적 가치평가법에서 산정하는 어떤 '비율'이나 '절대치'를 구할 때, 변형된 '가치재무상태표'를 사용해야 우리가 진정으로 기업의 가치에 접근하는 것이다. 혹 당신이 실제로 '가치재무상태표'를 만들지 않고 기존의 재무상태표를 그대로 이용한다하더라도, 그래도 괜찮다. 다만 무엇이 옳은 내용인지를 정확히 숙지하고 있으면 된다.

손익계산서의
단계별 이익을 알아야 한다

손익계산서의 '영업이익'은 채권자와 주주의 몫의 합이고,
'당기순이익'은 오직 '주주의 몫'이다.

　　손익계산서에는 단계별 이익이 제시된다. 우리가 기업의 가치를 가늠하고자 할 때는 이러한 손익계산서의 단계별 이익의 의미를 해석할 수 있어야 한다.

　　손익계산서의 단계별 이익은 매출총이익, 영업이익, 법인세비용차감전 순이익, 당기순이익의 4단계로 구성된다. 이 중 특히 영업이익과 당기순이익에 대해 집중해볼 필요가 있다.

손익계산서의 단계별 이익의 의미

　　앞서 살펴보았던 아래의 손익계산서의 양식을 보자.

손익계산서

매출액
– 매출원가
= 매출총이익
– 판매비와 관리비
= 영업이익
+ 영업외 수익 (이자수익 등) – 영업외 비용 (이자비용 등)
= 법인세비용차감전 순이익
– 법인세 비용
= 당기순이익

위에서 '영업외 수익과 비용'에는 다양한 수익과 비용 항목이 있으나 여기서는 이자수익과 이자비용만 고려하자. 일단은 법인세도 무시하기로 하자.

재무부채로 말미암아 이자비용이 발생하고, 재무자산으로 말미암아 이자수익이 발생한다. 결국 순재무부채로 말미암아 '순이자비용('이자비용-이자수익'이라 한다)'이 발생한다고 할 수 있다. 순이자비용은 결국 채권자에게 분배한 몫이다.

위 손익계산서를 순이자비용만을 고려해서 간단하게 다음과 같이 표시하자.

간략 손익계산서

매출액
– 매출원가
= 매출총이익
– 판매비와 관리비
= 영업이익 (①)
– 순이자비용
= 당기순이익

위 손익계산서는 기업이 한 해 동안 벌어들인 이익을 단계별로 보여주는 것이다. 여기서 '영업이익(①)'에 주목해야 한다. 영업이익은 분명히 '순이자비용' 차감전이다. 즉 채권자에게 몫을 분배하기 이전이다. 그러므로 영업이익은 나중에 채권자의 몫(순이자비용)과 주주의 몫(당기순이익)으로 분배될 성질의 이익이다.

이를 그림으로 그려보면 다음과 같다.

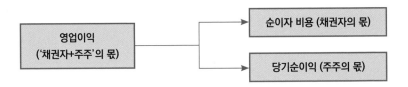

회사가 발생시킨 영업이익은 순이자비용과 당기순이익으로 나누어진다. 여기서 순이자비용은 채권자의 몫이고, 당기순이익은 주주의 몫이다. 그러므로 영업이익은 채권자의 몫과 주주의 몫으로 나누어진다고 할 수 있다.

앞으로 회사의 가치를 가늠하기 위해 여러 가지 방법을 사용할 예정인데, '영업이익'은 '채권자와 주주 모두의 몫'이고, '당기순이익'은 '주주의 몫'임을 명확히 기억하자.

무엇보다도 영업이익이 중요하다

본래 기업은 주주와 채권자의 자금으로 운영되므로 무엇보다도 '영업이익'이 중요하다. 동시에 영업이익은 기업의 본원적 영업활동에서 벌어들인 이익이므로 지속성 차원에서도 중요하다. 동일한 맥락에서, 영업이익률(영업이익/매출액)은 제품(상품)의 매출을 통해 어느 정도의 영업이익을 올리는지를 보여주는 비율이다. 즉 영업이익률은 기업의 본원적 영업능력을 보여주는 가장 중요한 지표이다.

어떤 기업의 영업이익률이 추세적으로 감소하거나 증가한다면 이는 본원적 영업능력에 변화가 있음을 의미한다. 또한 영업이익률에 갑작스런 큰 변화가 있다면 반드시 그 변화의 연유를 캐야 한다.

앞서 어떤 기업의 영업이익률이 20%이상 유지된다면, 그 기업은 배타적 경쟁우위를 가지고 있음을 말했다. 재차 부언하지만, 그런 기업은 언젠가는 한 몫을 해낸다. 지금도 시장에는 그런 기업이 존재한다. 바로 찾아보자.

상대적 가치평가법 ①: 기업입장의 투자수익률

'영업투하자본이익률(ROIC)'는 가치평가에 있어 가장 훌륭한 상대적 지표다.
이는 기업이 재무활동을 통해 주주와 채권자로부터 자금(원금)을 받아,
'영업투하자본'에 투자하고 이를 운영해, '세후영업이익'을 벌어들인 것이다.

　상대적 가치평가법은 직접적인 가격을 추정하지는 않는다. 그렇지만 어떤 비율이라는 상대적 가치를 통해서 회사의 가격을 가늠하는 것이다.

　어떤 비율 중 가장 대표적인 것이 '투자수익률'인데, '원금투자 대비 이익률'을 의미한다. 회사의 투자수익률이 높으면 높은 가격에, 회사의 투자수익률이 낮으면 주식은 낮은 가격에 거래될 가능성이 높다.

　투자수익률을 산정하기 위해서는 우선 '관점(Viewpoint)'이 필요하다. '원금투자 대비 이익률'이라 했는데, '누가 원금투자를 하는가?'를 명확히 해야 한다.

　통상적으로는 '기업'이 투자를 하는 경우를 상정하는데, 때론 '주주'

가 투자를 한다고 상정하기도 한다. '기업' 입장이라 하면 '주주'와 '채권자'가 함께 투자하는 경우라 할 수도 있다.

기업입장에서 투자수익률을 산정하면 그때는 '기업가치'를 가늠하는 것이고, 주주입장에서 투자수익률을 산정하면 그때는 '주주가치'를 가늠하는 것이다. 여기서는 기업입장에서 논의해보자.

기업입장에서의 투자수익률 개념을 알자

1단계로, 기업입장에서 투자수익률이 정확히 어떤 개념인지 살펴봐야 한다.

투자수익률은 누구의 입장이든 자신의 투자원금(①)과 자신이 벌어들인 이익(②)을 각각 구해, 비율(②/①)을 구하면 된다.

기업입장의 투자원금(①)이 무엇인지 생각해보자. 쉬운 예로, 아래의 2종 거래를 보자.

1종] 자금(현금) 유입 거래

상황) 자금 2,000억이 들어오다

차) 현금 2,000억	대변) 부채 1,000억
	자본 1,000억

2종] 자산투자 거래

상황) 총자산 (빌딩, 창고 등)을 구입하다

차변) 총자산 (빌딩, 창고 등) 2,000억	대변) 현금 2,000억

위의 2종 거래를 마치면 아래와 같은 재무상태표를 쉽게 만들 수 있다(손익 거래는 무시하자).

재무상태표

총자산 (빌딩, 창고 등) 2,000억	부채 1,000억 자본 1,000억

위 재무상태표를 보면, 기업입장에서 채권자와 주주로부터 각각 1,000억원씩 조달받아, 총 2,000억을 총자산에 투자했음을 알 수 있다. 동 금액이 투자원금이다.

어떤 형식의 재무상태표에서도 차변의 '총자산'은 기업입장의 '투자원금'이라 보면 된다. 이는 결국 채권자와 주주가 함께 투자한 원금과도 같다.

이번에는 기업입장에서 벌어들인 이익(②)에 대해 얘기해보자.

앞서 '영업이익'은 채권자와 주주의 몫의 합이고, '당기순이익'은 오직 '주주의 몫'이라 했다. 기업입장은 채권자와 주주의 합의 관점이므로, 결국 '기업입장에서 벌어들인 이익'은 양 자의 몫의 합인 '영업이익'이다.

마지막으로 기업입장에서의 투자수익률을 구해보자.

바로 기업입장에서 투자원금 대비 이익률이다. 그러므로 식은 다음과 같다.

기업입장의 투자수익률 = 영업이익(②) / 총자산(①) ················· [식 1]

위의 '기업입장의 투자수익률'을 해석해보면, 기업이 주주와 채권자로부터 자금(원금)을 받아, '총자산'에 투자하고 이를 운영해 '영업이익'을 벌어들인 것이다.

기업입장의 투자수익률을 계산해보자

다음 2단계로, 우리가 '가치재무상태표'를 만들어 보았으니 이를 이용해 기업가치를 보다 정확하게 반영하는 기업입장의 투자수익률을 구해보자.

먼저 앞서 가치재무상태표를 다시 보자.

가치재무상태표

| 순영업자산 (영업활동):
영업자산 – 영업부채 | 순재무부채 (재무활동):
재무부채 – 재무자산 |
| | 자본 |

가치재무상태표는 기업의 활동을 영업활동과 재무활동으로 구분한 이후, 자산과 부채를 영업활동과 재무활동끼리 각각 상계한 금액을 사용한다. 그래서 가치재무상태표에서 총자산은 바로 '순영업자산'이 되고, 총부채는 '순재무부채'가 된다.

이러한 가치재무상태표를 이용해 위의 [식 1]을 변형해보면 다음과 같다.

기업입장의 투자수익률 = 영업이익(②) / 순영업자산(①) ·············[식 2]

위 [식 2]의 '기업입장의 투자수익률'을 해석해보면, 기업이 재무활동을 통해 주주와 채권자로부터 자금(원금)을 받아, '순영업자산'에 투자하고 이를 운영해 '영업이익'을 벌어들인 것이다.

이와 같이 가치재무상태표는 투자원금은 재무활동으로부터 조달하고, 실제 투자는 영업자산에 하고 있음을 말하면서, 재무활동과 영업활동을 명확히 분리한다.[7]

미세한 조정이지만 한 번 더 나가보자

마지막 단계로, 미세한 조정이지만 한 번 더 나가보자.

---

7 단순히 자금을 빌리는 활동에서는 가치(또는 이익)가 발생하는 것이 아니고, 영업자산에 투자하고 이를 운영하면서 가치(또는 이익)가 발생한다는 가정이 내재하고 있다.

모든 이익은 충분한 가치정보를 가지고 있고, 이는 단순한 현금흐름보다는 분명히 유용하다(그러니 우리가 복식부기 또는 발생주의 회계를 사용하는 것이다). 그렇지만 이익 정보를 훼손하지 않는 범위 내에서 실제 현금흐름에 가깝도록 보정한다면 보다 유용하다.

위의 [식 2]의 기업입장의 투자수익률에서 분자(②)로 '영업이익'을 사용했다. 영업이익은 주주와 채권자가 함께 벌어들인 이익이자 양자의 몫이라는 유용한 정보를 담고 있다. 다만 여기에는 기업이 의당 지불해야 하는 법인세를 고려하지 않고 있다. 이처럼 법인세를 차감하지 않는 것보다는, 법인세를 차감한 영업이익을 사용하는 것이 실제 현금흐름에 근접해진다.

위 [식 2]를 '세후영업이익(=영업이익-법인세)'을 이용해 변형하면 다음과 같다.

기업입장의 투자수익률(ROIC) = 세후영업이익(②) / 순영업자산(①)

.... [식 3]

위 [식 3]이 바로 '영업투하자본이익률(ROIC; Return on Invested Capital)'이다. 순영업자산은 정확히 '영업투하자본(Operating Invested Capital)'이라 불린다. 위에서 분모(①)을 '영업투하자본'이라 하면 된다.[8]

---

8 영업투하자본의 이름에 자본이라는 말이 들어가지만, 영업투하자본은 '자산' 개념에 해당함에 유념해야 한다.

이 영업투하자본이익률(ROIC)는 가치평가에 있어 가장 훌륭한 지표임에 틀림없다. 이를 해석해보면, 기업이 재무활동을 통해 주주와 채권자로부터 자금(원금)을 받아 '영업투하자본'에 투자하고, 영업투하자본을 운영해 '세후영업이익'을 벌어들인 것이다.

요컨대 ROIC의 본질적 의미는 자산을 운영해 당해 이익을 올린 것으로, 정확히는 '영업투하자본'만큼 운영해 '세후영업이익'만큼 벌어들인 것이다.

ROA를 흔히들
잘못 사용하고 있다

ROA로써, '총자산순이익률'을 쓰고 있지만
이는 '총자산영업이익률'로 바뀌어야 옳다.

많은 이들이 투자수익률로 'ROA(Return on Assets)'을 사용한다. 이 경우 당연히도 '총자산순이익률(=순이익/총자산)'을 쓴다. 그러나 이는 완전히 잘못 사용한 것이다.

다시 본질적인 투자수익률의 개념을 들여다보자. 투자수익률은 누구의 입장이든 자신의 투자원금(①)과 자신이 벌어들인 이익(②)을 각각 구해, 그 비율(②/①)을 구한다. 어떠한 명칭의 투자수익률이라 하더라도 그 본질은 같다.

다만 분모(①)와 분자(②)가 상호 대응(Matching)이 되어야 한다. 예를 들면, 기업입장의 분모는 기업입장의 분자가 대응되어야 하고, 주주입장의 분모는 주주입장의 분자와 대응되어야 한다.

총자산순이익률 혹은 총자산영업이익률

여기서 흔히들 사용하는 '총자산순이익률'을 보자.

총자산순이익률 = 순이익(②) / 총자산(①) ························· [식 4]

이는 분모로는 '총자산(①)'을 사용하고, 분자로는 '순이익(②)'을 사용한다. 총자산은 기업입장, 즉 주주와 채권자의 합으로 투자된 자산이다. 반면 순이익은 오직 주주의 몫이다. 결국 '투자원금'은 '주주와 채권자의 합'이고, '이익'은 오직 '주주의 몫'이 되는 것이다.

굳이 이를 해석해보면, '총자산순이익률'은 '기업이 주주와 채권자로부터 자금(원금)을 받아, '총자산'에 투자하고 이를 운영해 '순이익'을 벌어들인다'는 것이다. 이는 명백히 투자원금과 해당 이익이 서로 엇박자가 나는 것이다.

그래서 총자산을 이용한 보다 적합한 투자수익률을 재정의해보면 앞서 보았던 [식 1]이나 이를 변용한 [식 1']과 같다.

기업입장의 투자수익률 = 영업이익(②) / 총자산(①) ················· [식 1]

기업입장의 투자수익률 = 세후영업이익(②) / 총자산(①) ········· [식 1']

[식 1]이나 [식 1']은 '총자산영업이익률'이라 명명할 수 있겠다. 이 '총자산영업이익률'을 'ROA(Return on Assets)'로 사용해야 올바르다.

혹자는 '총자산순이익률'이나 '총자산영업이익률'이나 '오십보백보

(伍十步百步)'라 주장할 수도 있겠다. 기업의 가치를 가늠하려는 상황에서, '50원이나 55원이나 고만고만한 것 아니냐'라는 생각도 있을 수 있다. 위험한 것은 가치 관련 지표의 의미를 모르고 이를 함부로 사용하는 것이다. 정확히 이해해야 올바로 가늠할 수 있다.

상대적 가치평가법 ②:
주주입장의 투자수익률

'자본이익률(ROE)'은 '주주'가 자본을 투여해,
자신의 몫인 '순이익'을 어느 정도로 벌어들이는지 보여준다.

　기업입장에서 투자수익률을 산정할 수도 있지만, 주주입장에서 투자수익률을 산정할 수도 있다. 물론 그때는 '주주가치'를 가늠하는 것이다.

　이번에는 주주입장의 투자수익률을 산정해보자. 주주입장에서 보면, 자신의 투자원금(①)은 바로 '자본'이다. 애초에 창립 시나 증자 시 자신이 부담했던 원금이다. 또한 자신이 벌어들인 이익(②)은 주주의 몫인 '당기순이익'이다.

　이를 이용해 다음의 [식 5]를 구성해보자.

　자본이익률 = 순이익(②) / 자본(①) ··· [식 5]

위 [식 5]를 보면 분모(①)와 분자(②)가 상호 대응(Matching)이 잘 되고 있다. 즉 분모는 주주의 투자원금이고, 분자는 주주의 몫이므로 주주입장에서 잘 대응된 것이다.

이와 같은 자본이익률을 'ROE(Return on Equity)'라고 한다. 이를 해석해보면, '주주가 자금(자본)을 투여해, 자신의 몫인 '순이익'을 벌어들인다'는 것이다. 자본이익률의 경우 기존 재무제표를 사용하든 아니면 가치재무제표를 사용하든 동일하다. 자본액은 달라지지 않기 때문이다.

당신이 주주로써 어떤 기업에 투자한다면 또는 투자하고 있다면, 이러한 '자본이익률'도 유용하다. 왜냐하면 당신이 투자한 돈이 어느 정도 수익률을 내고 있는지를 보여주기 때문이다.

흔히 기업의 가치를 논의할 때는 대체로 전체 기업의 가치를 말한다. 그런데 부채가치는 비교적 용이하게 구할 수 있기 때문에 주주 가치를 구함으로써 전체 기업의 가치는 합산해 손쉽게 구할 수 있다(전체 기업의 가치=부채 가치+ 주주 가치).[9] 부언하면, 부채가치는 장부상 가치, 시장 가치와 이론적 가치가 유사하므로 대체로 장부상 가치를 그대로 이용하는 편이다.

그래서 주주 가치를 가늠하는 것이 곧 기업의 가치를 가늠함을 의미할 수 있다. 그래서 투자수익률을 보고자 할 때는 '영업투하자본이익률(ROIC)'과 '자본이익률(ROE)'을 병행가능한 것이다.

---

9 우리는 가치평가를 논의할 때, 이론적 또는 내재 가치를 말한다.

결론적으로, ROE는 자본만큼의 투자원금을 운영해 순이익을 벌어들인 것이다.

지속적 이익을 이용해
투자수익률을 산정해본다

지속적 이익이 미래 기업의 이익을 예측하는 데 유용하므로,
'지속적 ROIC'와 '지속적 ROE'를 이용할 필요가 있다.

　당기순이익을 구성하는 항목을 '일시적 손익'과 '지속적 손익'을 구분할 수 있다고 했다.

　다시 얘기해보면, '일시적 손익'은 당해 발생한 손익 항목이 차후에도 유사한 크기로 발생할 가능성이 낮은 손익이다. 반면 '지속적 손익'은 당해 발생한 손익 항목이 차후에도 유사한 크기로 지속적으로 발생할 가능성이 높은 손익이다.[10]

　판매비와 관리비 항목은 대개는 지속적 손익 항목이나, 거래나 사건의 일시성 때문에 발생하는 일시적 손익이 있다. 재고자산 감모손실이

10　김권중, 2015

나 폐기손실이 그 예이다. 영업외 손익 항목은 지속적 손익과 일시적 손익이 혼재된다. 지속적 손익 항목에는 이자수익이나 이자비용 등이 있다. 반면 일시적 손익항목에는 투자자산의 평가손실, 유형자산의 처분손실 등이 그 예이다.

지속적 ROIC와 지속적 ROE를 산정

각종의 '투자수익률'을 산정할 때, 일시적 손익과 지속적 손익을 잘 구분해서 볼 필요가 있다. 그 이유는 기업의 가치와 직결되는 손익 항목은 지속적 손익이기 때문에, 그러한 손익에 집중할 필요가 있는 것이다.

그래서 재무제표 이용자로서 기업의 가치를 정확히 가늠하려면 기본적인 ROIC, ROE 등 상대적 지표를 이용하되, 일시적 손익을 배제하고 지속적 손익을 이용한 동 지표들을 사용해 평가할 필요가 있다.

다음과 같이 일시적 이익을 제거해 보정할 수 있다.

첫째, ROIC를 보정한다.

앞서 [식 3]와 같이 ROIC를 정의했다.

ROIC = 세후영업이익 / 순영업자산 ································· [식 3]

위의 식에서 일시적 손익(즉 일시적 판매비와 관리비)을 제거하면, [식 6]이다.

216

지속적 ROIC = [영업이익 + 일시적 판매비와 관리비 − 법인세비용] /

순영업자산 ··· [식 6]

둘째, ROE를 보정한다.

앞서 [식 5]와 같이 ROE를 정의했다.

ROE = 순이익 / 자본 ··· [식 5]

위 식을 지속적 ROE와 일시적 ROE로 분리해보자.

ROE = [지속적 이익 / 자본] + [일시적 이익 / 자본] ················[식 7]

위 [식 7]에서 지속적 ROE만 분리하면 다음과 같다.

지속적 ROE = 지속적 이익 / 자본 ·································· [식 8][11]

ROIC와 ROE에서 일시적 손익항목을 분리해내면서, 지속적 ROIC
와 지속적 ROE를 산정할 수 있다. 지속적 ROIC와 지속적 ROE는 미
래에 지속가능한 손익 항목을 이용해 미래 기업 이익을 예측하는 데
유용하므로 기업 가치를 가늠할 때 함께 이용할 필요가 있다.

---

11 김권중, 2015, p. 165 참조

지금까지 상대적 가치평가법으로 영업이익률과 각종 투자수익률을 살펴보았다. 다소 어려운 내용이 포함되어 있지만, 당신이 계산해낼 수 있는 범위 내에서 점차적으로 확대 적용해볼 것을 권장한다. 특히 영업이익률과, 여러 가지 투자수익률 중 1개 정도는 본인의 핵심지표로 가지고 가면 좋다.

이러한 비율들은 당해 비율뿐만 아니라, 전기 및 전전기를 항상 비교해보는 것이 좋다. 때에 따라 분기별로 비교하면 계절적 변화를 알 수 있다. 또한 당신이 분석하는 기업과 동종 산업에 속한 경쟁기업의 비율을 산정해서 비교하는 것이 필요하다. 즉 기간별 비교와 기업별 비교를 병행하는 것이 특별한 요령이다.

재무제표와 주가를
동시에 고려하다

시장지표는 '주가'와 이에 대응하는 재무제표 상
'이익, 순자산, 현금흐름'을 비교하는 것이다.

지금까지 기업가치를 가늠하는 상대적 지표로서 투자수익률을 살펴보았다. 이러한 투자수익률은 주식시장이나 주가를 고려하지 않고, 순전하게 재무제표를 이용하는 상대적 지표다.

앞으로는 주식시장의 정보를 고려한다. 상장주식은 주식시장에서 실시간으로 거래가 되고 있기 때문에, 주식시장의 참여자들이 평가하는 시장가격 또는 시장가치가 존재한다. 즉 이는 자본시장이 평가하는 가치이다.

자본시장의 참여자들이 그들이 가진 정보를 이용해 합의한 가치가 기업의 정확한 가치에 근접할 수도 있고 그렇지 않을 수도 있다. 두말

할 필요 없이, 자본시장이 소위 '완전시장'[12]이라면 자본시장이 평가한 가치가 진정한 가치이다. 그렇지만 실제 시장은 불완전 요소를 가지고 있기 때문에 그러한 가치가 진정한 가치라고 말할 수는 없다.

주가에 대응하는 재무제표의 가치요소

우리가 기업의 가치를 가늠한다고 하는 것은 곧 기업의 진정한 가치를 추구하는 것이다. 즉 '내재가치 또는 이론적 가치'를 알아내려는 노력이다. 그 노력으로 일환으로, 상대적 지표를 이용하기도 하고, 본질적으로 절대적 가치를 추정하기도 한다.

앞서 살펴본 '투자수익률'은 주가는 고려하지 않고 순전히 재무제표를 이용한 방법이었다. 앞으로는 '주가'와 '이에 대응하는 재무제표에서의 가치요소'를 비교하는 방식의 시장지표를 살펴보게 된다. 주가에 대응하는 재무제표의 가치요소로는 크게 3가지를 꼽을 수 있다. 이익, 순자산(또는 자본), 현금흐름이 그것이다.

첫째, '순이익'과 '주가'를 비교한다.

주가에 대응하는 이익은 당연히 '주당순이익'이다. 주가는 1주당 가격이다. 순이익은 주주의 이익인데 이를 주식수로 나누면 '주당순이익'이 산출된다. 그러므로 주가와 주당순이익은 서로 잘 대응된다.

---

12 상품 및 자본시장에 완전경쟁이 존재하고 정보면에서 효율적이며 모든 개인은 기대효용을 극대화하려는 합리적인 인간이라는 가정을 충족한 시장이다 (출처 및 정의: 매일경제용어사전).

둘째, '순자산'과 '주가'를 비교한다.

주가에 대응하는 순자산(자본을 의미)은 마찬가지로 당연히 '주당순자산'이다. 주당순자산은 1주당 자본이므로, 1주당 가격인 주가와 잘 대응된다.

셋째, '현금흐름'과 '주가'를 비교한다.

주가에 대응하는 현금흐름은 당연히 '주당현금흐름'이다. 나중에 설명하겠지만 현금흐름은 기업가치를 가늠하는 중요한 요소이다. 주당현금흐름은 1주당 현금흐름이므로, 1주당 가격인 주가와 잘 대응된다.

그래서 위의 3가지 시장지표를 통해 '1주당 이익, 순자산, 현금흐름이 얼마라면, 어느 정도 주가가 형성될까?'를 알 수 있다. 결국 미래의 '1주당 이익, 순자산, 현금흐름'을 추정할 수 있다면 3가지 시장지표를 통해 미래의 주가도 추정할 수 있겠다. 뿐만 아니라 유사업체의 시장지표와 비교해 기업이 제대로 평가받고 있는지 가늠할 수 있다.

상대적 가치평가법 ③:
PER

PER를 통해 미래의 주가를 추정할 수도 있고,
적정한 기업가치를 추론할 수도 있다.

앞서 '주가'와 이에 대응하는 재무제표에서의 가치요소로 '주당순이익, 주당순자산. 주당현금흐름'을 꼽았다. 이들을 각각 비율화한 것이 'PER, PBR, 주당현금흐름'이다.

여기서는 우선 PER(Price-Earnings Ratio, 주가이익비율)의 개념에 대해 살펴보자.

아래와 같이 현재의 주가를 주당순이익으로 나누면 PER가 산정된다. 식은 다음과 같다.

PER (Price-Earnings Ratio) = 주가 / 주당순이익 ·················· [식 9]

이 PER은 '그 정도의 주당순이익이면 어느 정도 주가인가?'를 말하는 것이다.

예를 들어, 어떤 기업 A가 있다. A기업의 주가가 10,000원, 주당순이익이 1,000원이면, PER는 10이다. PER가 10이라 함은 기업의 주당순이익이 1,000원인데 이에 상응하는 현재 주가는 10,000원이라는 뜻이다. 즉 주당순이익의 10배에 거래가 되는 것이다.

통상적으로 주당순이익에 비해 주가는 현저히 높다. 왜냐하면 주당순이익은 한 해 동안 이익을 반영하고 있고 주가는 영구적인 자본액(일종의 누계로 보자)을 반영하고 있기 때문이다.

PER의 쓰임새

기업의 이익력은 기업의 주가를 형성하는 데 가장 중요한 요소임에는 틀림이 없다. 그래서 PER 지표는 설득력이 분명히 있다. 또한 쓰임새도 크다.

PER의 쓰임새를 몇 가지 살펴보자.

(1) 미래 주가를 가늠해본다.

위 A 기업의 내년도 추정 주당순이익이 1,200원이라 하자(현재 주가는 10,000원이다). 현재의 PER 수준이 유지된다고 할 때(즉 PER=10), 향후 주가를 다음과 가늠해볼 수 있다.

$$PER = 주가 / 1,200원 = 10 \ (이때 \ '주가 = 12,000원'이 된다)$$

즉 향후 주가는 12,000원으로 상승이 가능하다는 얘기다.

(2) 주가의 고평가 또는 저평가를 가늠해본다.

A기업과 유사한 동종기업을 이용해 가치를 가늠해볼 수도 있다. 'PER = 주가 / 주당순이익'으로 정의된다고 했다. 이 정의를 이용하면, PER를 추정해 주가를 다음과 같이 추정할 수 있다.

$$추정 \ 주가 = 추정 \ PER \times A기업 \ 당해 \ 주당순이익$$

위에서 '추정 PER'는 가장 유사한 '동종기업의 PER'를 사용하거나, '업종 평균 PER'를 사용해 구할 수 있다. 예를 들어 유사 동종기업의 PER가 15라 하자. 이 경우 'A기업의 추정 주가 = 15 × 1,000원 = 15,000원'이다.

위처럼 추정한 주가(15,000원)와 A기업의 현재 주가(10,000원)를 비교해보면, A기업의 현재 주가가 고평가되었는지 아니면 저평가되었는지 가늠해 볼 수 있다. 물론 A기업은 동종기업에 비해 주가가 5,000원 저평가되어 있음을 알 수 있다.

(3) 기업가치를 가늠해본다.

앞에서 유사 동종기업의 추정 PER(15배)을 통해 추정 주가(15,000원)를 산정해보았다. 이를 통해서 주주지분가치를 다음과 같이 구할 수 있다.

추정 주주지분가치 = 추정 주가 × 주식수

A기업의 총발행주식수가 100,000주라 하자. 그때 '추정 주주지분가치 = 15,000원×100,000주=1,500,000,000원'이다. 총기업가치는 주주지분가치에 총부채가치를 더해 쉽게 산정할 수 있겠다.

물론 이와 같이 산정된 주주지분가치나 기업가치가 곧 내재가치라 말할 수는 없다. 그렇지만 'PER를 잘 추정만 해낼 수 있다면, 적정 주가나 기업가치를 잘 추론해낼 수 있다'는 진실을 말한다.

상대적 가치평가법 ④:
PBR

PBR를 통해, 자본시장이 '기업의 미래 수익성과 위험을
어떻게 평가하고 있는지'를 가늠해볼 수 있다.

'주가'와 이에 대응하는 재무제표에서의 가치요소로 '주당순자산'도
잘 대응이 된다. 이들을 각각 비율화한 것이 'PBR(Price-to-book ratio)'
이다. 즉 현재의 주가를 주당순자산으로 나누면 PBR가 산정된다.

PBR (Price-to-book ratio) = 주가 / 주당순자산 ·················[식 10]

주당순자산 그 자체는 어떠한 '이익창출능력'이나 '영업자산운영능
력'을 함양하지 않기 때문에, PBR은 '주가가 순자산장부가치의 몇 배
로 형성되어 있는지'에 관한 사실만을 보여준다고 할 수 있다.

PBR 지표가 중요한 이유

산업의 특성에 따라 PBR이 달라지고, 동종산업 내에서도 각 기업들의 PBR은 상이하다. 이처럼 시장이 동일한 순자산에 대해 상이한 가격(주가)을 부여하는 이유는 각 기업의 수익성과 위험을 달리 평가하기 때문이다.

따라서 한 기업의 PBR을 시장전체의 PBR, 동종산업평균의 PBR, 경쟁기업의 PBR등과 비교하면 자본시장이 '기업의 미래 수익성과 위험을 어떻게 평가하고 있는지'를 가늠할 수 있다. 예를 들어 어떤 기업의 PBR이 동종산업평균 PBR보다 높은 값을 가진다면, 시장이 그 기업의 미래 수익성은 보다 높게 또는 위험은 낮게 평가하기 때문에 높은 주가를 부여하는 것으로 볼 수 있다.

그렇지만 PBR 값이 상대적으로 높다면, 시장이 그 기업의 수익성과 위험을 좋게 평가를 한 것은 분명하지만, 기업의 진정한 내재가치에 비해 주가가 고평가되었는지 아니면 저평가되었는지는 알 수 없다. 순자산은 현재 자본의 규모를 의미하지만, 그 자체로 영업능력이나 이익 창출능력을 반영하고 있지는 않기 때문이다. 즉 주가가 순자산에 비해 얼마로 형성되는지에 관한 사실만 보여준다.

어쨌든 '주가'에 가장 잘 대응되는 재무제표의 요소는 '주당순자산'이다. 그래서 순자산가치가 장기적으로 성장한다면 대응하는 주가도 성장하기 마련이다. 그래서 시장론자들은 흔히 "주가는 장기적으로 순자산가치에 반응한다"고 한다. 회계학계에서도 실증적으로 PBR, PER 등 시장지표와 미래 주가와 관련성을 규명해왔는데, 이들 지표의 주가 관련성은 유의하게 받아들여지고 있다.

무엇보다 PBR 지표는 기업의 미래 수익성과 위험에 대한 시장의 평가를 가늠할 수 있다는 사실에 주목하자. 만약 어떤 기업이 PBR이 동종업계의 PBR보다 낮으면(또는 높으면) 왜 그런지에 대해 의문을 가지고 보다 면밀하게 기업을 살펴보게 하는 단초가 될 수 있다.

상대적 가치평가법 ⑤:
PCR과 EV/EBITDA

'PCR'과 'EV/EBITDA'은 모두 기업의 '영업현금흐름 대비 주식가치'의 비율을 보여준다.
결국 영업현금흐름창출능력과 주가를 비교하는 것이다.

마지막으로 '주가'와 이에 대응하는 재무제표에서의 가치요소로 '주당현금흐름'을 꼽을 수 있다. 이를 비율화한 것이 'PCR(Price-Cash flow Ratio)'이다.

'PCR'은 아래와 같이 현재의 주가를 주당 영업현금흐름으로 나누어 산정한다.

PCR (Price-Cash flow Ratio) = 주가 / 주당 영업현금흐름 ···· [식 11]

'PCR'은 '그 정도의 주당 영업현금흐름이면 어느 정도 주가인가?'를 말한다. 예를 들어, 기업 A의 주가가 10,000원, 주당 영업현금흐름이 100원이면, PCR은 100이다. PCR가 100이라 함은 기업의 주당 영업현금흐름의 10배에 해당하는 주가에 주식이 거래되는 것이다.

기업의 영업현금흐름은 이익에 버금가는 가치 관련성이 있다. 영업현금흐름과 이익은 측정기간과 방법의 차이라 볼 수 있기 때문이다. 기업이 지속적으로 영업현금흐름을 창출하면 장기적으로 가치는 성장하기 마련이다. 영업현금흐름 창출능력은 그 자체로 가치요소이므로, 영업현금흐름 창출능력이 높으면 자연스럽게 더 높은 주가가 형성된다.

EV/EBITDA의 산정

한편 'PCR'을 기업 전체로 확대시킨 지표가 'EV/EBITDA'이다. 여기서 EV(Economic Value)는 기업 전체의 시가를, EBITDA(Earings Before Interest, Taxes and Depreciation & Amortization)[13]은 '이자, 법인세, 감가상각비 차감 전 영업이익'이다.

'EV/EBITDA'은 아래와 같이 산정된다.

EV/EBITDA = (주식시가총액 + 순재무부채) / EBITDA ········· [식 12]

---

13 정확히는 'EBITDA = 당기순이익 + 순이자비용 + 법인세비용 + 감가상각비 및 무형자산 상각비'이다. 이는 영업이익에 감가상각비 및 무형자산 상각비를 더한 개념에 가깝다.

EV를 산정하기 위해 '주식시가총액'에 가치재무제표 상의 '순재무부채'를 더한다. 일반적으로 부채가치는 시장가치와 유사하기 때문에 편의상 장부상의 금액을 이용한다. 또한 EBITDA는 영업활동현금흐름은 아니지만 그 근사치로 간주한다.

그래서 [식 12]의 분자인 EV는 기업 전체의 시가총액을 의미하고, 분모는 기업 전체의 영업현금흐름을 의미한다.

결국 'PCR'이나 'EV/EBITDA'는 모두 기업의 영업현금흐름 대비 주식가치를 의미한다고 보면 된다. 단지 PCR은 한 주당 비율이고, EV/EBITDA은 기업 전체 규모의 비율일 뿐이다.

지금까지 주식시장 정보를 고려해 각종 비율을 산정하는 방법을 알아보았다. 이러한 비율과 관련해, 해당 기업의 기간별 비교도 중요하지만 무엇보다 동종 산업의 경쟁기업과 그 비율을 비교해보는 것이 중요하다. 경쟁기업과 비교하다보면, 어떤 이유에서 저평가 또는 고평가되는지 궁금해진다. 그 본질적 해답은 앞으로 설명한 '잉여현금흐름'과 'EVA(경제적부가가치)'에 있다고 해도 과언이 아니다.

잉여현금흐름(FCF)은 곧 생존, 현금흐름표를 잘 이해하자

'잉여현금흐름(FCF)'는 더 이상 빚지지 않고 생존해내기 위한 돈을 보여준다.
지금과 같은 저성장 시대에는 생존이 답이다.

우선 현금흐름(Cash flow)에 대해 잠시 얘기해보자. 복식부기에 의한
'이익'은 발생주의를 적용해 측정된 것이라, 기업이 새로이 창출한 현
금흐름을 보여주진 않는다. 기업이 이익을 많이 내는 것도 중요하지
만, 현금흐름을 창출하는 것도 이에 못지않게 중요하다고 할 수 있다.

쉬운 예를 들어보자. A 기업은 제품을 판매해 이익을 많이 올렸다.
제품을 판매하면서 매출채권을 받았으나 대부분의 매출채권이 제때
에 회수가 잘 안 되던 중, 금융위기가 발생해 그나마 남은 매출채권을
모두 폐기처분하게 되었다.

이 경우 A 기업은 많은 이익을 냈으니, 당해 지급해야할 이자를 용
이하게 갚을 수 있을까? 많은 이익을 냈지만 매출채권이 회수가 안 되

었으니 회사에 현금이 부족하다. 즉 A 기업은 '영업활동으로 창출한 현금흐름'을 가지고는 이자를 갚을 수는 없을 것이고, 회사의 각종 자산을 팔아서 현금을 확보한 이후에나 이자를 갚을 수 있을 것이다.

현금흐름의 창출은 매우 중요하다

다시 얘기해보자. 회사가 부채의 이자를 지급하던 원금을 지급하던 결국에는 '현금'이 필요하다. 즉 기업이 매출과 이익을 올려 향후 현금의 재원을 확보할 수는 있겠지만, 실제 현금이 없으면(또는 안 들어오면) 결국에는 부채의 이자와 원금을 갚을 수 없다. 물론 각 종의 자산을 파는 등 여러 가지 방법을 통해 현금을 충당하려 할 것이다.

그래서 기업이 본연의 영업활동을 통해 많은 이익을 내는 것도 중요하지만, 현금흐름을 창출해내는 것도 중요하다 하겠다. '현금도 중요하다' 정도로 생각하자. 이와 같은 이유에서 '현금흐름표'에 관한 얘기를 안 할 수가 없다.

손익계산서가 이익에 관한 정보를 보여주는 반면, '현금흐름표'는 현금흐름에 관한 정보를 보여준다. 즉 손익계산서는 수익과 비용의 발생을 보여주고, 현금흐름표는 현금의 유입과 유출에 대해 보여준다.

'현금흐름표'는 현금의 유입과 유출에 대해 보여주되, 기업의 활동을 명확히 구분한다는 점에서 유용성이 극대화된다. 손익계산서가 '영업'과 '영업 외'라는 다소 막연한 구분을 하지만, 현금흐름표는 기업의 활동을 영업활동, 투자활동(앞서 광의의 영업활동으로도 볼 수 있다고 했다),

재무활동으로 목적에 따라 보다 명확히 구분한다.

정리하면, '현금흐름표'는 '기업의 영업활동, 투자활동, 재무활동별로 현금의 유입과 유출을 보여준다'고 할 수 있다.

현금흐름표의 정신을 주목하자

그렇다면, 여기서 커다란 의문이 생긴다. 현금흐름표는 '왜 굳이 기업의 활동을 구분해 보여주는가?'이다. 그 답을 한번 풀어보자.

'손익계산서'에는 '소위 돈돈이면 된다'라는 사상이 담겨 있다. 즉 '최소한 손해만 안보면 살아남는다'는 것이다. 그래서 수익과 비용이 같아지는 손익분기점은 생존과 직결된다. 즉 '비용만큼은 팔아야 (수익을 내야) 살아남는다'는 의지의 표명이다.

반면 '현금흐름표'에서는 '더 이상 빚지지 않고 해낸다면 살아남는다'라는 정신을 담고 있다. 만약 기업이 본연의 영업활동, 즉 생산 및 판매 활동을 통해 현금을 창출하고 새로운 영업자산에 대한 투자를 하고도, 남은 현금으로 이자를 지급할 수 있으면 살아 남는다! 물론 남은 현금으로 빚의 원금까지 갚는다면 금상첨화(錦上添花)다.

위의 현금흐름표 정신을 다음과 같이 표현해보자.

영업활동 현금흐름 – 영업에 대한 투자 ≡ – 재무활동 현금흐름 ·····[식 13]

위 식은 언제나 항등식이다. 현금흐름표는 원래부터 위 항등식이 되도록 작성되기 때문에 의문을 가질 필요는 없다. 만약 누군가 그 어렵다는 현금흐름표를 작성했는데 항등식이 되지 않으면 틀린 것이다.[14]

위의 항등식에서 현금유입이면 (+)부호를 붙이고, 현금유출이면 (-)부호를 붙인다. 예를 들어, 영업활동 현금이 창출(1,000억)되어 영업에 대한 투자(900억원)를 이뤄내고 100억원이 남았다고 하자. 그러면 재무활동 현금은 '-100억원'이 된다 〔∵ 1,000억 - 900억 = - (- 100억)〕. 이 '-100억원'은 재무활동으로 그만큼의 현금이 지급된 것이다. 이 경우 이자를 지급했거나 운이 좋으면 원금까지도 갚았을 것이다.

위 [식 13]의 우변의 재무활동 부분을 좀 더 자세히 표현하면 다음과 같다.

영업활동 현금흐름 - 영업에 대한 투자

≡ - (이자 지급 + 원금의 상환 + 주주에 대한 지급) ·············· [식 14][15]

위 [식 14]를 통해 항등식의 의미를 다시 보자. 기업이 본연의 영업을 해서 현금을 창출하고 영업자산에 투자하고도, 남은 현금은 우선해서 이자를 갚을 수 있다. 이후에 남은 현금으로는 부채의 원금까지도 상환할 수 있는 것이다(주주에 대한 보상이나 환원은 동 식에 포함되나 별도

---

14 우리는 현금흐름표 작성 원리에 대해서는 고민할 필요가 없다고 본다. 현금흐름표 작성은 그야말로 고급수준의 회계 영역이다. 가능한 회계전문가들에게 맡기자. 그것보다는 현금흐름표에 대한 항등식 [식 13]에 주목하면 좋다.

15 주주에게도 배당 등을 지급하면 재무활동 현금유출이다.

의 논의는 안 하기로 하자).

'영업에 대한 투자'는 '투자활동'이나 광의의 '영업활동'에 포함된다. 그러니 [식 14]의 좌변은 영업활동으로 남은 현금을 의미한다. 그래서 이를 '잉여현금흐름(FCF; Free Cash Flow)'라 한다. 반면 우변은 빚에 대한 이자 등으로 지급한 현금이다. 중요한 것은 좌변의 잉여현금흐름(FCF)는 0이 돼서는 안 되고 우변의 이자만큼은 남아야 한다. 즉 '영업을 잘 해서 (미래를 위해) 투자도 하지만, 최소한 빚에 대한 이자를 갚는다'는 정신이다. 이것이 '더 이상 빚지지 않고 해낸다면 살아남는다'라는 정신이다.

마치 우리가 급여소득자라면 다음과 같이 비유할 수 있다, '급여라는 영업활동을 통해 돈(현금)을 벌고, 그 돈으로 작지만 미래를 위해 부동산에도 투자하고도, 빚에 대한 이자를 갚아낸다'는 것이다. 그러니, 급여를 받고 투자도 하지만, 남겨서 이자를 갚아내면 그건 진실로 훌륭하다.

결론적으로, 현금흐름표를 살펴볼 때는 [식 13] 또는 [식 14]의 항등식에 유념하면서 회사가 장기적으로 살아남을 만큼(살아남는다는 것은 훌륭한 것이다) 잉여현금흐름(FCF)를 확보하고 있는지를 잘 주목해야 한다.

절대적 가치평가법 ⑥: FCF법

'잉여현금흐름(FCF)'이 누적되면
그것이 곧 기업의 가치다.

앞서 잉여현금흐름(FCF)의 의미를 명확히 했다. '영업활동으로 현금을 창출하고 영업에 대한 투자도 해내지만, 최소한 이자를 지급하기 위해 남겨낼 돈'이라 할 수 있다. 즉 생존의 관점에서 살펴보았다.

그렇다면 이번에는 잉여현금흐름(FCF)의 크기에 주목해보자. 영업활동으로 현금을 창출하고 영업에 대한 투자를 하고도 남은 '잉여현금흐름(FCF)'이 크다면, 그 기업의 가치는 어떨까? 장기 지속적으로 FCF가 큰 기업일수록 그 기업의 가치는 크다.

부가가치 창출을 논의한 바 있지만, 기업의 장기 존속을 가정하면, 부가가치 또는 이익은 '잉여현금흐름'으로 대체된다. 즉 영속적으로 또는 장기적으로는 잉여현금흐름이 커지면 곧 기업의 가치가 커진다.

잉여현금흐름이 중요한 이유

이론적으로 잉여현금흐름을 통해 기업의 가치를 산정할 수 있다. 물론 기업의 영속적인 잉여현금흐름을 추정해야 하는 문제가 만만치 않다. 다음 식은 가치평가를 위한 'FCF법'을 보여준다.

기업전체의 가치 ·· [식 15]

= 미래 FCF의 현재가치의 합

= $FCF_1 + FCF_2 + FCF_3 + FCF_4 + FCF_5$

(여기서 FCF_t는 미래 t년 후 FCF를 가중평균자본비용으로 할인한 현재가치이다.[16])

위의 [식 15]는 기업의 가치는 기업이 미래에 창출한 FCF의 현재가치를 합해서 구할 수 있음을 보여준다. 물론 이론적으로는 정확하나, 미래의 영속적인 FCF 추정이 쉽지 않아서 현실적인 모형은 되지 못한다.

다만 위 식은 FCF는 이론적으로 기업가치와 직결됨을 말하고 있다. 이러한 점에서 FCF에서 주목해야 하는데, 이 FCF를 가치재무제표를 통해 그 근사치를 산정할 수 있다. 다음 식이 그것이다.

---

16 가중평균자본비용은 타인자본비용과 자기자본비용을 각 자금의 비율대로 가중해 산정한 자본비용으로 후 절에서 논의한다.

FCF ··· [식 16]

= 영업활동 현금흐름 - 영업에 대한 투자

= 세후순영업이익 - ⊿순영업자산

위 [식 16]의 첫 줄은 엄밀한 정의이고, 둘째 줄은 간편 식이다. 세후순영업이익은 영업활동 현금흐름을 반영하고, 순영업자산의 증감액은 순영업투자액을 반영한다.

결론적으로, FCF법은 이론적 모형일 뿐이나, 가치평가를 위해 잉여현금흐름의 절대적 중요성을 보여주고 있다. 잉여현금흐름은 최소한 지급할 이자만큼은 남아야 하지만, 그 금액이 클수록 기업의 가치는 높아진다는 사실을 기억하자.

대부분 사람들은 이익지표에만 매달려 실적분석을 하곤 하는데, 잉여현금흐름이 장기적으로는 기업의 실적을 보다 잘 말해준다. 즉 잉여현금흐름이 강건하면 장기적으로 기업은 그 가치를 실현해낸다. 더구나 이익지표는 회사의 회계정책에 따라 경영자가 조정할 수 있는 여지가 있는 반면, 잉여현금흐름은 그러한 가능성이 낮아 신뢰성이 보다 높다고 할 수 있다.

절대적 가치평가법 ⑦:
EVA법

가치평가와 직결되는 재무제표의 많은 요소와 지표의 의미를 꿰뚫어봐야 한다.
EVA법을 이용하면, 재무제표로부터 기업의 본질적 가치를 추론해낼 수 있다.

'FCF법'은 그 시사점은 분명하나, 기업가치를 실제로 측정할 수 있는 현실적 모형은 아니다. 그러나 두 명의 회계학자(Feltham & Ohlson)의 혁명적 발견 이후, 우리는 '회사의 재무제표를 이용해 실제로 기업의 내재가치를 산정'할 수 있게 되었다.

이 두 학자의 가치평가모형은 소위 '펠삼-올슨(Feltham-Ohlson)모형'이다. 이를 이용하는 방법이 바로 'EVA법'이라 할 수 있다. EVA법을 이용해 가치평가를 하려면 다음의 3단계 과정을 거친다.

1단계, 가치재무제표를 준비한다. 이 단계에서는 가치재무상태표를 만들어놓고, 손익계산서의 단계별 이익을 파악해놓는다.

2단계, EVA를 산정한다. EVA는 기업이 당해 창출한 경제적 부가가치인데, 가치재무제표를 이용해 산정한다.

3단계, 기업가치를 산정한다. '기업가치 = 자산가치 + 수익가치'라 할 수 있는데, '자산가치'는 가치재무상태표를 이용해, '수익가치'는 매년 발생한 EVA를 할인해 산정한다.

이제부터 단계별로 과정을 거쳐보자.

1단계: 가치재무제표를 준비한다

1단계에서는 '가치재무상태표'와 '손익계산서'를 준비해 파악한다.

앞서 살펴본 '가치재무상태표'를 다시 보자. 기업은 채권자로부터 '순재무부채'만큼의 자금을 받고, 주주로부터 '자본'만큼의 자금을 받아 순영업자산(영업투하자본)에 투자해 운영한다는 의미이다. 결국 '순영업자산'은 바로 '기업 전체가 투자한 자금'이다. '기업 전체'라 함은 주주와 채권자의 합을 의미하기도 한다.

가치재무상태표

순영업자산 (영업활동): 영업자산 – 영업부채	순재무부채 (재무활동): 재무부채 – 재무자산
	자본

한편 손익계산서 상의 '영업이익'을 다시 상기해보자.

'영업이익'은 기업 전체가 당해 벌어들인 이익 중 채권자의 몫(순이자비용)과 주주의 몫(당기순이익)의 합계이다. 즉 영업이익은 기업 전체가 벌어들인 (주주와 채권자에게) 분배 전 이익이다.

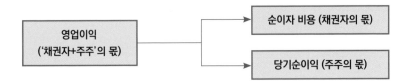

보다 정확히 말하자면, 위 영업이익은 법인세를 고려하지 않고 있다. 위 영업이익에서 법인세를 차감한 금액을 결국 주주와 채권자에게 분배하게 되므로, 법인세를 차감한 '세후영업이익'이 바로 '기업 전체가 벌어들인 (주주와 채권자에게) 분배 전 이익'이라 할 수 있다.

2단계: EVA를 산정한다

EVA(Economic Value Added)는 기업이 당해 창출한 경제적 부가가치[17]를 말한다.

여기서 왜 경제적 부가가치라는 용어를 사용하는지 궁금할 수 있다. 부가가치는 기업이 당해 새로이 창출한 가치로서 이해관계자들에게 분배 전 금액이다. 그런데 경제적 부가가치라고 하는 첫 번째 이유는 이해관계자들이 경제적 이해가 무거운 '주주'와 '채권자'에 국한시키

---

17 원래 EVA라는 용어 자체는 스턴스튜어트 컨설팅사가 최초로 사용했다.

기 때문이다. 그래서 직접적 이해관계자인 '주주와 채권자에게 분배하기 전 이익'을 의미하게 된다.

또 다른 이유는, 주주와 채권자들은 해당 자금을 다른 곳에 투자해 이득을 획득할 수도 있었으므로 이러한 '자본사용에 대한 대가'를 상계한다. 즉 경제학적인 기회비용인 '자본비용'을 고려하기 때문이다.

그래서 EVA는 '주주와 채권자에게 분배하기 전 이익'에서 '양 자의 자본사용에 대한 대가'를 차감해 산정하게 된다. 즉 '기업 전체가 당해 벌어들인 이익'에서 '기업 전체수준의 자본사용대가'를 차감해 구한다. 다음의 [식 17]와 같다.

EVA = 기업 전체의 당해 이익(①) − 기업 전체의 자본사용대가(②)

·· [식 17]

여기서 '기업 전체의 당해 이익(①)'은 손익계산서 상 '세후영업이익'이다.

한편 '기업 전체의 자본사용대가(②)'는 '부채 사용대가'와 '자본 사용대가'를 합한다. 여기서 '부채 사용대가'는 타인자본비용에 해당 원금을 곱해 산정한다. 부채의 해당 원금은 바로 가치재무상태표 상 '순재무부채'이다. 자본 사용대가는 자기자본비용에 해당 원금을 곱해 산정한다. 자본의 해당 원금은 말 그대로 자본금액을 사용한다. 다음의 [식 18]이 기업 전체의 자본사용대가이다.

기업 전체의 자본사용대가(②) ·· [식 18]

= [순재무부채 × 타인자본비용] + [자본 × 자기자본비용]

= (순재무부채 + 자본) × 가중평균자본비용

= 순영업자산 × 가중평균자본비용

위 식에서 '타인자본비용'은 채권자가 부채 원금에 해당하는 자금을 다른 곳에 빌려주었을 경우 획득할 수 있었던 수익률(이자율이라고 한다)이다. 마찬가지로 '자기자본비용'은 주주가 자본에 해당하는 자금을 다른 곳에 투자했을 경우 획득할 수 있었던 수익률이다. '가중평균자본비용'은 타인자본비용과 자기자본비용을 각 자금의 비율대로 가중해 산정한 수익률이다. 이러한 자본비용은 모두 다른 곳에 자금을 투자(대여)한 경우 얻을 수 있었던 수익률로 일종의 기회비용이다.

정리하면, EVA는 다음과 같이 산정할 수 있다.

EVA = 세후영업이익 – [순영업자산 × 가중평균자본비용] ········ [식 19]

이와 같이 산정된 EVA는 '기업 전체(주주와 채권자의 합) 수준에서 자본비용을 상계하고도 당해 벌어들인 부가가치'이다. 동 부가가치는 일종의 이익 개념이며, 흔히 실무상 용어인 '당해 수익가치'라 할 수도 있다.

3단계: 기업가치를 산정한다

'기업가치 = 자산가치 + 수익가치'라 할 수 있는데, '자산가치'는 가치재무상태표를 이용해, '수익가치'는 매년 발생한 EVA를 할인해 산정한다.

여기서 '자산가치'는 바로 가치재무상태표 상의 '순영업자산'을 의미한다. 이 금액은 회사가 본연의 영업활동을 위해 보유하는 자산의 현재가치라 할 수 있다.

그렇지만 '자산가치'에는 회사의 순영업자산을 운영함으로써 미래에 창출할 영구적 또는 지속적인 부가가치가 포함되어 있지 않다. 즉 어떤 기업은 그 기업이 가진 자산만으로 모든 걸 다 평가할 수는 없다. 그 자산을 운영해 미래에 창출할 부가가치를 포함해야 한다.

'수익가치'는 '차 년도부터 지속적으로 창출한 경제적 부가가치의 현재가치'이다. 수익가치는 바로 기업의 새로운 부가가치 창출능력을 담고 있다.

그래서 기업가치는 다음과 같은 [식 20]로 표현할 수 있다.

기업전체의 가치 ··· [식 20]

= 자산가치 + 수익가치

= 현재 순영업자산 + 차 년도부터의 EVA의 현재가치의 합

= BV_0 + [EVA_1 + EVA_2 + EVA_3 + EVA_4 + EVA_5

(여기서 BV_0 는 당기 초 순영업자산, EVA_t는 미래 t년 후 EVA를 가중평균자본비용으로 할인한 현재가치이다.)

실무적으로는 향후 5개년치의 EVA를 추정한 후, 이후 6년도 이후부터는 EVA의 적절한 성장률을 가정해 수익가치를 산정해낸다. 6년도 이후 시간이 흘러가면서 할인율이 커지므로 EVA의 현재가치는 현저히 작아지므로 측정오차를 크게 우려하지 않아도 좋다.

적어도 EVA의 의미는 명확히 알아야 한다

부언하지만, 기존의 현금흐름할인모형은 모두가 가정으로 이루어진 단순 이론적 모형이었지만, 두 명의 회계학자(Feltham & Ohlson)의 가치평가모형은 이론적으로 가장 완벽하면서도 실무적으로도 기업가치를 실제로 산정해낼 수 있는 방법이다.

그러나 막상 당신의 손으로 어떤 기업의 EVA를 직접 계산하려면 만만치 않다. 물론 간단한 예제를 통해서는 계산이나 연습은 가능하지만, 복잡하기 그지없는 기업의 재무제표에서 EVA를 산정해내는 것은 무척이나 힘겹다.

그렇지만 필자는 당신이 직접 재무제표에서 EVA를 산정할 것을 강조하는 것이 아니다. 말하고 싶은 것은 EVA를 계산하는 절차를 이해함으로써 'EVA가 무엇인지'를 알 수 있게 된다는 것이다. 기업의 정확한 가치평가를 위해서는 적어도 EVA의 의미를 명확히 알아야 함을 역설하는 것이다.

앞서 언급한 '3대 기업보고서'를 기억하는가? 재무제표라 하면 단순히 기업이 공시하는 재무제표 외에 사업보고서, 연차보고서 및 애널리스트 보고서를 포함할 수 있다고 했다. 이러한 3대 기업보고서는 해당 기업의 재무제표를 이용해 다양한 분석치를 제공한다. 기업이 발행하는 '연차보고서'에서 FCF나 EVA 등의 연도별 지표값을 제시하기도 하고, 증권회사 등에서 발행하는 '애널리스트 보고서'에는 동 지표를 포함해 다양한 시장지표를 제시한다.

특히 애널리스트 보고서는 제3자인 전문가 입장에서 시장참여자에게 기업의 업황과 재무실적에 대해 포괄적인 분석 결과를 제시한다. 누구나 애널리스트 보고서를 읽을 수 있을 것 같지만 실제로는 재무제표처럼 만만치 않다. 많은 시장참여자가 애널리스트 보고서를 읽을 수 없기 때문에 결국 보지 않는다.

분명히 말하지만, 당신이 주식투자자라면 애널리스트 보고서를 읽을 수 있어야 한다. 그건 Top 기밀문서이기 때문이다. 답이 있다. 재무제표를 읽을 수 있으면 기어코 애널리스트 보고서를 읽어낼 수 있다.

재무제표 이용자로서 지금 당신은 혹 어떤 기업의 가치를 직접 산정하지 않는다 하더라도, 이렇게 기업가치와 직결되는 재무제표의 많은 요소와 지표의 의미를 통찰력 있게 바라볼 수 있어야 한다. 그렇다면 당신은 재무제표를 꿰뚫어보는 눈을 반드시 가질게 될 것이다.

대한민국 주식시장의 99%의 개미들은 대부분 손실을 본다고 한다. 그 이유는 매일 시시각각 변화하는 시세에 집중하는 단타매매 때문이라고 보면 된다. 우리가 재무제표의 힘을 믿건 안 믿건, 이를 이용하든 그렇지 않든 주식부자들은 예외 없이 재무제표를 본다는 점을 주목하자. 7장에서는 하루하루 변화하는 주식시세에 매달리는 대신에 재무제표를 통해 지속적으로 기업을 워칭해야 하는 이유를 말한다. 또한 웰스빌딩 전략을 소개하며 주식부자의 길을 따라가본다.

7

주식부자 되는 실전 팁,
웰스빌딩 전략

주식부자의 첫걸음은
재무제표와 워칭

'주가 차트에 의한 단타매매가 과연 옳은 것인가?'를 반문해보자.
만일 세력들이 주가 차트를 역이용한다면?

　워런 버핏, 벤저민 그레이엄, 짐 로저스, 필립 피셔, 피터 린치, 마틴 휘트먼, 메이슨 호킨스 등 세계적인 주식부자들이 있다. 이들은 예나 지금이나 한결같은 주식투자의 원칙을 가지고 있다. 놀랍게도 간단하다. '주식부자들은 무조건 재무제표를 본다. 그리고 알짜 기업을 발굴해 장기간 투자해 수익률을 극대화한다'는 점이다.

　예외가 없다. 재무제표를 믿건 안 믿건, 이용하든 그렇지 않든 주식부자는 재무제표를 본다는 것이다.

　대한민국의 수많은 주식투자자들을 보자. 많은 이들이 주가 그래프를 이용하는 기술적 매매에 치중한다. 그래서 뉴스나 소문 등 시장참여자의 반응과 동향에 귀를 기울인다. 다시 말해, 많은 개인투자자들은 재무제표에 대한 공부 없이 오직 기술적 매매에 의존하는 경우가 다반사다. 외국인 및 기관세력이 오히려 주가 그래프를 역이용해 그들의 부를 축적하는 데도 불구하고 이들 전술을 간파하려는 노력을 하지 않는다.

주가 차트에 의존하지 마라

최근 통계자료에 의하면, 놀랍게도 대한민국 시장의 99%의 개미들은 대부분 손실을 본다고 한다. 그 이유가 매일 시시각각 변화하는 시세에 집중하는 단타매매에 있다고 한다. 즉 '주가 그래프 분석에 의한 단타매매'가 그 패인(敗因)인 것이다.

물론 일부 개인투자자는 소신을 가지고 장기간 보유를 하지만 낭패를 보는 경우도 많다. 문제는 아무리 훌륭한 주식도 산 후에 마냥 보유해서는 안 될 일이다. 그건 선택 후에 거들 떠 보지도 않는 것과 다름없다.

필자는 재무제표를 통해 기업을 계속 '워칭(Watching)'할 것을 강권한다. 장기투자가 되었던 가치투자가 되었던 결국 싼 값에 주식을 사서 지속적으로 보유해야 한다. 그렇다고 해서 마냥 기다려야 한다는 건 아니다. 중요한 점은 하루하루 변화하는 주식시세에 매달려서는 안 되며, 대신 재무제표를 통해 지속적으로 워칭해야 한다는 것이다. 당신이 재무제표를 워칭하는 이상, 회사가 망가져갈 때까지 보유할 일은 없을 것이니 안심해도 좋다.

7장에서는 주식투자자로서 반드시 짚고 넘어가야 할 중요한 사실을 예시와 사례를 통해 논의하고, 이후 '부(富) 축적 전략(Wealth-building strategy)'이라는 영미권 주식부자들에게 알려진 방법을 소개하며, 당신이 조심스레 이를 활용해볼 것을 말한다. 당신이 가족을 위한 소중한 재산을 지켜냄은 물론이고, 주식부자가 되기 위한 길을 찾기를 기대해본다.

어떤 기준으로
당신은 투자하는가?

대부분 주가 차트와 전문가의 말에 의존하고 싶어한다.
그래서 대부분 주식투자를 하면 실패한다.

    좀 긴 예시를 해보려 한다. 제법 긴 내용이지만 그 본질만 파악해주
었으면 한다. 우리가 흔히 겪을 수 있는 상황과 고민을 예시해보자.

    Z기업이 있다. 과거 1년 동안 Z기업의 주가는 하루하루의 등락에도
불구하고 계속 추세적으로 상승하고 있다. 오늘 주가가 14% 상승 마
감했다. Z기업 주가는 오늘을 기점으로 폭발해 앞으로 천정부지로 오
를 것이라고 시장의 모든 투자자들이 웅성된다. 그렇다면 내일의 주가
는 어떨까?

    시장의 인기와 소문대로 앞으로는 주가가 폭발할 가능성이 높으니
상당 금액을 질러볼까? 물론 모두가 그리 믿고 있을 때 재빨리 사서
수익을 내고 당장 파는 전략도 가능은 하다.

차트와 전문가들의 말을 경청하는 개미

그런데 주식전문가 A가 나타났다. 그는 '기술적 분석'의 달인이다. 과거의 주가 그래프를 통해 미래의 주가를 예측할 수 있는 신의 경지라는 소문이 자자하다. A가 엄청난 수익률을 올려 갑부가 되었다는 소문도 익히 알려져 있다. 그는 주변의 지인들이 주식을 통해 큰 손실을 본 분들이 많은데 그냥 보기에 안타까워서 어디까지나 사회봉사차원에서 주식투자컨설팅에 지금도 열심히 뛰고 있다고 한다.

어느 날, A가 당신에게 Z기업의 주가에 대해 기술적 분석결과를 제시했다. S기업은 주가는 일봉 추세선을 타고 상승하고 있는데 오늘 추세선 상단을 벗어나서 내일은 95%의 확률로 상승할 가능성이 높다고 한다. 이러한 흐름은 최소한 1개월을 갈 수 있다고 한다. 물론 당신은 A의 분석 내용이 일견 이해는 되지만 정말 확률적으로 그래왔는지는 잘 모르겠다. 고민이다. '주식전문가 A의 기술적 분석을 믿고 Z기업의 주식을 사서 1개월 정도라도 집어넣어야 할까?'

고민이 깊어지고 있는데 주식전문가 B가 나타났다. 주식전문가 B는 '테마' 예측의 귀신으로 알려져 있다. 누구라도 B를 만나서 컨설팅을 받고 싶지만 워낙 바쁘신 분이라 아무나 만나주질 않는 분이다.

그런데 그런 B가 당신에게 비싸지 않은 컨설팅비에 금번 시장의 확실한 테마를 친히도 추천해준다고 한다. B는 바이오혁명이 오고 있고 적어도 앞으로 3개월간은 바이오테마주로 엄청난 자금이 몰릴 것이라고 단언한다. B는 Z기업이 바이오테마의 주도주로 부각될 것이라 자신 있게 확신한다고 한다. A와 B의 기술분석과 테마분석을 들으니 투자에 있어 보다 긍정적인 입장이 된다.

2%의 확신이 부족한 상태에서 고민이 깊어간다. 그러던 중, 'Z기업이 그동안 추진해왔던 놀라운 신약 개발 프로젝트가 가시화되고 있다'라는 증권뉴스가 뜬다. 주가 그래프의 분봉에서 대량의 거래량과 함께 6%이상의 상승이 이루어진다. Z기업의 주식을 좀 더 일찍 살 걸 하는 후회도 들기도 하지만, 이게 시작이라는 생각도 든다.

'이제라도 투자를 할까?' 이 질문에 답을 내리기 전에, 혹 간과한 것은 없을까? 간과한 것은 잘 모르겠지만, 우리가 주가 차트와 시장 전문가들의 말에 의존하고 싶어하는 건 분명하다.

기술적 매매에 의한
수익이 가능한가?

과거의 흐름만을 통해 미래를 본다는 말은
본질적 실체에 대한 접근이 없는 공허한 이야기다.

좀 다른 경우지만 하나의 예시를 해보고자 한다. 고등학교 1학년생 준철이가 있다. 준철이는 고등학교에 들어가더니 갑자기 철이 들었는지 1년동안 열심히 공부했다. 입학할 때 본 진단평가에서 전교 131등이었는데, 매 분기마다 꾸준히 20여등의 순위를 올려 결국 1학년 말에는 전교 50등을 차지했다.

혹시 준철이가 2학년에 올라가 첫 분기에 치를 시험에서 준철이의 전교 석차를 예측할 수 있겠는가. 고2때부터 문과와 이과로 나누어 반을 편성하지만 전교 석차는 전체 과목의 총점에 의해 등위를 결정한다고 가정하자. (단, 준철이는 문과를 선택했다.) 여기서 학부모들 사이에 정평이 나있는 교육전문가들이 있다.

한 교육전문가 A는 기존 추세에 근거해 분기마다 20여등의 상승을 기대하므로 2학년 첫 분기에는 전교 30등의 순위를 예측한다. 다른 교육전문가 B는 높은 등위권에서는 순위 상승이 쉽지 않기 때문에 난이도를 고려해 전교 40등을 예상한다.

세 번째 교육전문가 C는 오랫동안 통계적으로 학생들의 성적을 분석해온 기술적 분석의 달인으로, 본인이 직접 개발한 성적예측프로그램에 의해 전교 35등을 예상했다. 물론 교육전문가 C는 영업기밀이므로 그 방법론을 절대 공개하지 않고 있다.

교육전문가 A, B, C 중 누구의 말을 신뢰해야 할까? 전문가들은 나름대로의 추세분석을 한 것이니 일견 타당하다.

기술적 분석의 치명적 문제

이전의 질문을 다시 해보자. 우리가 준철이의 전교 등수를 예측하기 이전에, 혹 간과한 것은 없을까? 있다. 바로 준철이의 성적표이다.

물론 성적표를 본다고 향후 성적예측에 도움을 줄지는 모른다. 그래도 등수와 성적을 논의하는 것이니 성적표를 볼 필요는 있다.

준철이의 과거 1년간 분기별 성적표를 보았다. 그런데 2가지 사실이 눈에 띄었다. 첫째, 준철이의 성적 향상은 배점이 높은 '수학과목'에서만 이루어지고 있었다. 둘째, 1학년 동안 수학 배점은 총 200점이었다. 그런데 2학년 때는 문과에 진학했으므로 수학의 배점이나 가중치가 줄 것이었다.

자, 이와 같이 성적표나 배점에 관한 정보를 확인한 상태에서도 과거 전교등수의 추세 분석을 신뢰해야 할까?

준철이는 수학과목에서 큰 성과를 보여왔다. 그러나 2학년 때는 수학 배점이 상당히 줄어든다. 알아보니 배점이 200점에서 100점으로 반으로 줄어든다 한다.

합리적인 사고를 해본다면, 준철이의 전교 등수가 상당히 흔들릴 가능성은 충분히 예상해볼 수 있다. 준철이의 성적표를 확인해보지 않고 과거의 전교 등수의 추세만으로 미래의 등수를 예측하는 것은 본질적 문제가 있는 것이다.

이렇듯 소위 기술적 분석은 대상의 실체에 접근 없이 결론을 내리는 치명적 문제가 있다.

기술적 분석은 공허하다

주식투자를 얘기해보자. Z기업의 주가가 1년간 추세적으로 상승했다고 하자. 그래서 과거 추세에 의한 기술적 분석을 통해 미래 주가를 예상할 수 있을까?

기술적 분석의 기본 원리는 과거부터의 주가 움직임과 각종 보조지표를 통해 기업의 미래 주가를 예측하고 있다. 즉 과거 주가의 평균, 상한, 하한, 표준편차 등을 적절히 배합해 이들을 통해 미래의 주가 변화를 예측한다. 이동평균선, 일봉·주봉·월봉, 스토케스틱, MACD, 볼린저밴드 등이 그것이다.

대부분의 기술적 지표들은 과거의 사건(과거에 기대했던 사건을 포함)을 반영한다. 반면 미래의 주가는 미래의 일어날 사건(정확히는 미래의 어느 시점에서 그때 발생하거나 그 이후에 기대되는 사건)을 반영한다. 그러니 미래 주가는 현재에는 발생하지 않은 그리고 예상할 수도 없는 사건을 반영하게 된다.

그래서 기술적 지표로 미래주가를 예측하려는 노력은 마치 과거의 눈으로 한번도 겪지 못한 미래의 사건을 그려보는 것과 동일하다.

주식투자에서 봉투자법, 볼린저밴드, 엘리어트파동 등 각종 매매기법을 통해 돈을 벌 수 있다는 막연한 기대감이 팽배하다. 로또에 당첨된 사람들이 있는 것과 같이, 주가 차트를 이용한 초단타매매를 통해 큰돈을 버는 사람들이 실제로 있다. 증권방송의 전문가 조언을 듣다보면, 왠지 기술적 지표의 시그널대로 주가가 움직일 것이라는 확신이 들기도 한다. 그래서 그 비법을 전수받고 싶어지기도 한다. 그러나 과거 주가의 흐름의 연장선에서 미래 주가를 예측한다는 것은 본질적 실체에 접근이 없는 공허한 이야기이다.

장기적 주가는
진실을 반영한다

단기적 주가가 아닌 장기적 주가는
기업의 지속적 능력과 성과라는 진실을 반영한다.

　미래 주가를 정확히 예측하는 것은 사실상 불가능하다. 우리 인간의 영역이 아니다. 그러나 장기적인 주가는 결국에는 기업의 재산상태, 영업능력과 성장성을 반영하게 된다.

　준철이의 예를 다시 보자. 준철이는 수학공부를 열심히 했고 이에 따라 1학년 때 전교 등수가 크게 향상되었다. 그런데 지금은 문과반에 들어갔으므로 배점이 보다 커진 국어공부를 보다 열심히 해야 되는 상황이다.

　만약 준철이가 국어공부를 보다 열심히 한다면 국어성적이 장기적으로 향상되면서 전체 등수도 안정권에 진입할 것이라는 상식적 예상을 해볼 수 있다.

우리가 앞으로 준철이가 국어공부를 중심으로 전반적인 학습 상황을 관찰할 수 있다면, 향후 준철이의 성적도 가늠해볼 수 있다.

장기 주가를 주목해야 하는 이유

핵심은 이것이다. 단기 주가는 단기 사건이나 수급의 영향을 분명히 받는다. 그래서 단기적 충격에 따라 크게 출렁일 수도 있다.

사실 증권시장에서 공시되는 정보나 뉴스들을 보면 당장 회사가 어떻게 될 것만 같은 긴박한 뉴스들이지만, 대부분이 단기적 효과만 줄 뿐 기업의 장기적 실적에는 미미한 효과를 주는 경우가 많다. 설사 그 충격파가 다소 크더라도 기업의 역량만 확실하면 장기적으로는 주가는 보전되는 경우가 다반사다.

장기 주가는 궁극적으로 기업의 장기적 영업능력과 가치를 반영하게 된다. 준철이가 공부를 열심히 하면 장기적으로는 성적 향상이 기대되듯이, 경영자가 열심히 회사운영을 하게 되면 장기적으로는 주가에 그 운영결과가 반영된다. 미래의 주가를 정확히 예측하는 것은 불가능의 영역이나, 장기적으로 볼 때 기업의 능력과 성과는 반드시 주가로 반영되어 나타난다.

공공연한 진실,
세력은 기술적 지표를 역이용한다

개미들의 '지옥' 속에서도 외국인과 기관투자자는
알짜 주식을 장기 보유하며 지속적으로 기업의 실적을 챙긴다.

"주식시장에서 개미들과 외국인, 기관 투자자들은 치열한 수익률 전쟁을 벌인다. 개미들의 성적표는 어떨까? 개인 투자자들이 선호하는 30개 종목을 골라서 지난 10년간 지속적으로 투자한 경우를 가정한 시뮬레이션을 해보니 수익률이 -74%로 나타났다. 증시는 '개미지옥'이라는 말이 나올 만하다.

반면 같은 기간 같은 방식으로 계산한 외국인 투자자들의 수익률은 78%였다. 연기금·펀드 등 기관 투자가들이 주로 거래한 30개 종목의 수익률은 9%로 집계됐다." (조선비즈, 2017.3.7.)

조선비즈에서는 주식시장이 '개미지옥'일 수밖에 없는 이유로 단타(短打) 고수익을 노리는 개미들의 투자 스타일을 꼽았다. 투자할 회사의 실적이나 성장 가능성은 관심없고, 오직 소문에 휘둘리는 것이다. 외국인이나 기관 투자자들은 투자기업의 재무정보를 속속들이 뒤지는데 개인들은 대박 정보만 구한다는 것이다. 충격적인 내용은 '99%의 개미들이 백전백패한다'는 것이다.

왜 개미지옥이 되는 걸까

이처럼 주식시장이 개미지옥이 되는 이유로 필자는 다음 2가지를 꼽는다.

첫째, 개인투자자들은 단기 시세에 지나치게 연연하다보니 본인의 의도와 상관없이 단기 매매를 하게 된다. 단기 매매를 위해선 기술적 지표에 의한 매매가 불가피하다. 단기 시세의 변동은 어디까지나 단기 사건을 반영하고 어느 정도 단기 추세와 수급에 영향을 받을 수밖에 없다.

한 개인이 기술적 지표에 의한 정확한 예측지법을 가지고 있지 않는 한 시세 예측이 불가능하기 때문에 결국 뇌동매매를 하게 된다. 말이 좋아 뇌동매매이지 치열한 전장에서 이성을 잃은 군중을 쫓으면 함께 자멸할 수밖에 없다.

둘째, 단기 시세는 결코 기업의 진정한 능력과 성과를 반영하지 못하기 때문에 기업 분석이 어쩌면 무의미하다. 그래서 단기 투자자가 기업의 실적을 주시하는 것은 큰 의미가 없다. 단기 투자자는 허망한 기술적 지표 외에는 잣대가 없는 셈이다. 반면 장기 주가는 기업의 장기적 영업능력과 성과를 반영하고 궁극적으로 내재가치에 근접하게 된다.

장기 주가는 잔파동과 상관없이 기업의 역량이 확실하다면 조류를 따라 순항하게 된다. 그래서 진정한 가치를 따져서 고른 좋은 종목을 신념을 가지고 장기간 보유하면 반드시 주식은 그 보답을 하게 되는 것이다.

앞서 필자는 "기술적 매매는 쓸모없다"고 말했다. 즉 과거 그래프에 의한 기술적 분석에 의해서는 미래 주가예측을 정확히 해내거나 결국은 큰돈을 벌 수 없다고 했다.

개별 주식마다 또 매 상황마다 그 추세는 독립적으로 존재하는 것이므로, 일관되고 공통된 추세의 패턴을 잡아내는 것이 사실상 불가능하다는 사실을 우리는 주지해야 한다. 개별 주식의 주가를 예측하는 것이 힘들 듯이, 어느 시점에서 개별 주식의 특정한 추세의 패턴을 잡아내는 것도 마찬가지로 불가능하다.

그렇지만 과거 그래프의 연장선 위에서 주가가 분명 어떠한 추세를 갖는 것처럼 보이는 것은 사실이다. 그렇기 때문에 많은 사람들이 그리도 기술적 분석을 버리지 못하고 여전히 추종한다. 이는 인간 모두가 지상 어딘가에는 유토피아가 있을 것이라는 환상을 가지는 것과 마찬가지다.

세력은 개미들의 기술적 환상을 이용한다

> **블랙록, 삼성엔지니어링 주식 전량매도… 매각 수익률 20%**
> 세계 최대 자산운용사인 미국 블랙록이 삼성엔지니어링 주식을 전량 처분
> 했다. 매각 처분이익은 339억원이며 매각 수익률은 20.5%에 달했다. 블랙
> 록은 지난 3월 삼성엔지니어링 지분 5.10%를 1,600억원가량에 사들였다.
> 이후 세차례 주식을 매입하며 1029만3107주까지 늘렸다. 총 매입가격은
> 1,654억원, 주당 매입가격은 16,077원이다. 블랙록은 수차례에 나눠 삼성엔
> 지니어링 주식을 팔아 1,994억원을 받았다. 주당 매각가격은 19,374원이다.
> 매각에 따라 339억원의 차익을 실현했다. 수익률은 20.5%로 집계됐다.
>
> (한국경제, 2018.6.18.)

　블랙록은 지난 3월에 삼성엔지니어링을 16,070원에 매수해 단 3개월
도 안되서 19,370원에 팔면서 339억원의 차익을 챙긴 것이다. 아래 그
래프는 3월부터 일봉을 보인 것이다.

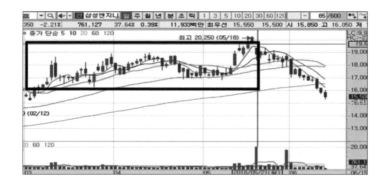

이 그래프에서 굵은 박스를 보자. 블랙록의 3월부터의 매수시작 구간부터 매도 구간까지 표시한 것이다. 5월 21일 블랙록은 청산을 마무리했다. 그 전 거래일인 5월 18일은 삼성엔지니어링의 주가가 52주 신고가를 기록하고 있고 거래량이 터지고 있으므로, 어떠한 개미라도 이번만큼은 그동안의 장기 침체를 벗어나 52주 주가 상단을 돌파하며 주가가 곧 비상할 것이라는 직감적 예상을 할 수 있다.

아래는 5월 18일 파이낸셜 뉴스 기사이다.

> **삼성엔지니어링, 52주 신고가⋯ 2.53% ↑**
> 삼성엔지니어링(028050)은 52주신고가를 기록하고 있어 주목할 만하다. 동 종목의 현재 주가는 20,250원 선에서 이루어지고 있다. 거래일을 기준으로 최근 3일간 평균 거래량은 594만 주이다. 이는 60일 일(日) 평균 거래량 222만 주와 비교해보면 최근 거래량이 급격히 늘어났다는 것을 알 수 있다.
>
> (파이낸셜뉴스, 2018. 5.18)

실제로 5월 18일의 일봉 추세선을 그어보면, 이미 추세선 상단을 돌파해 비상할 것이라는 예상은 일반적 기술적 분석 상에도 의심이 없는 듯 하다. 아래의 추세선상단과 하단의 모습을 확인해보자. 물론 당일 가장 중요한 거래량이 폭증함을 주지해야 한다.

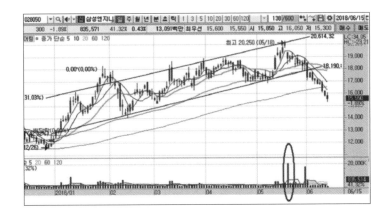

　　그런데 사실 신고가를 도전하기 몇 일전 뉴스를 보면, 금번에 신고
가를 확실히 넘어설 것이라는 확신이 선다. 3일전인 5월 15일 한국경
제 기사이다.

MSCI 한국지수에 삼성엔지니어링 등 5개 종목 신규 편입

MSCI 한국지수 구성 종목이 일부 변경되면서 15일 증시에서 새로 편입된 종
목과 빠진 종목 간 희비가 엇갈렸다. 글로벌 지수 산출업체인 MSCI는 유가
증권시장의 삼성엔지니어링과 코스닥시장의 에이치엘비, 바이로메드, 펄어비
스, 셀트리온제약을 한국지수에 새로 편입하는 내용의 지수 정기 변경을 이날
단행했다. MSCI 한국지수는 상장지수펀드(ETF)를 포함한 글로벌 인덱스펀
드들이 추종하는 지수다. 지수 편입 비중에 맞춰 종목별로 인덱스펀드 자금이
유입되기 때문에 편입 종목에는 수급상 유리한 환경이 조성된다. 이런 기대가
반영돼 이날 증시에서는 신규 편입 종목들이 모두 상승했다. 유가증권시장에
서 삼성엔지니어링은 250원(1.32%) 오른 1만9150원으로 마감했다.

(한국경제, 2018. 5.18.)

5월 15일자 뉴스에서 보았듯이, 삼성엔지니어링이 글로벌 지수에 편입되면서 수급의 날개를 달았다. 글로벌 펀드들이 한국 시장의 개별 주식을 편입할 때 MSCI 인덱스에 따라 삼성엔지니어링을 편입할 가능성이 높아진 것이다. 실로 엄청난 호재가 아닌가.

이처럼 개미들이 호재와 더불어 기술적 분석상 모두가 확신할 때 그때가 세력들에게는 절대적 기회인 것이다. 결론은 이거다. 외국인, 기관 그리고 큰손 등 일명 세력들은 개미들의 이러한 유토피아적 환상 심리를 철저히 이용한다는 것이다.

대다수의 개미가 과거의 주가 그래프를 의존한다. 개미들은 각자 미술수집가처럼 그림(주가 그래프)을 감상하면서 나름대로 해석하고 때론 고수로부터 새로 익힌 해석기법을 적용하기도 한다. 그래서 모두가 잔파도를 손으로 잡으려 안간 힘을 쓴다. 대다수의 개미들은 파도 그림을 보면서 곧 덮칠 잔파도를 손으로 잡으려하는데, 다른 누군가는 이들의 심리를 역이용하면서 개미들의 종자돈을 기다렸다가 가로챈다.

쌍바닥 매매와 쌍봉 매매, 공매도 전략 등

손쉬운 예이다. 흔히 알려진 쌍바닥이나 쌍봉 매매법이 있다. 주가가 그래프상 쌍바닥을 형성하고 상승하기 시작하면 개미들의 매수세가 유입된다. 당신이 세력이고 쌍바닥 하단부에서 주식을 매집한 후(당신이 매집했으므로 당연히 쌍바닥이 형성된다) 주가가 꾸준히 상승해 현재 10%의 수익률이 발생하고 있다고 하자. 지금 개미들의 매수세가 만만치 않기 때문에 당신은 그동안 매집했던 모든 주식을 손쉽게 떨어버리릴 수 있다. 이것만 해도 최소한 10%의 수익을 올릴 수 있다. 큰 돈을 굴리는 당신이 단 1~2주 만에 10%의 수익률을 올릴 수 있다면 마다할 이유가 없지 않은가. 돈이 돈을 번다는 세상이지만, 짧은 시기에 10%의 수익률이라면 짭짤하다.

또 다른 예로, 외국인과 기관의 '공매도'를 통한 매매전술도 결국은 개미들의 기술적 지표상 공포심을 유발하는 전술이라 할 수 있다. 외국인과 기관이 일단 대량 규모의 공매도를 단행하면 기술적 지표 상 모든 추세선이나 심리적 하한선은 바로 무너져버린다.

개미들은 상승보다 주가 급락에 큰 공포심을 갖기 때문에 대량 매물이 터져버리고 주가는 악순환으로 더욱 급락한다. 어느 정도까지 주가가 단기적으로 과도하게 하락한 이후 거래량이 줄면서 주가가 횡보 국면에 섭어든다. 그때 외국인과 기관은 주식을 싼 값에 매수해 공매도를 청산하게 되면 단기간에 괜찮은 수익률을 올릴 수 있게 된다.

외국인을 따라서 매매해볼까

외국인 및 기관 투자자은 알다시피 엄청난 정보우위력을 가지고 있다. 이를 구지 언급하지 않더라도 돈의 힘만으로도 종목별 주가에는 충분한 영향을 줄 수 있다. 오랫동안 주식시장을 지켜본 사람들은 경험적으로 알게 되는 사실이 하나 있다. 그건 외국인(또는 기관)이 매수하면 주가는 오르고, 외국인이 매도하면 주가는 떨어진다는 것이다.

개인들의 홈트레이딩을 보면 외국증권사 창구로의 매매는 실시간으로 확인이 된다. 그래서 개인은 자신이 보유한 주식의 시세를 보다가 외국증권사 창구로 매수가 유입되면 기뻐한다. 물론 반대로 외국증권사 창구로 매도 물량이 커지면 불안해한다. 대부분의 개미들은 외국인이나 기관이 돈을 번다는 사실을 기정 사실로 받아들이고 있는 것이다. 그래서 많은 이들이 '외국인(이나 기관) 따라하기'를 하기도 한다.

그런데 당신은 실제로 '외국인 따라하기'를 해본 적이 있는가? 한 두 번의 경험을 해보면 이상한 사실을 깨닫게 된다. 분명 정확히 따라했는데 손실이 나는 것이다. 잘 살펴보면 숨은 진실을 알아차릴 수 있다.

외국인이 우선 매수하고 개미는 이를 쫓아 뒤늦게 들어간다. 이미 어느 정도 주가가 오른 상태에서 들어갔고 거래량이 늘면서 주가가 뛰기 시작한다. 그런데 외국인이 재빨리 먼저 매도한다. 이를 본 일부 개미는 주저주저하면 뒤늦게 판다. 이 상황을 보면 개미들이 뒤쫓아 들어오고 뒤늦게 판 만큼 외국인이 이득을 본다. 물론 외국인이 이득을 본 만큼 일부 개미들은 손실이다. 아직 팔지 못한 개미들의 주식은 흔히 바닥이 없다(외국인이 조금 먹고 빠져 버렸기 때문이다).

외국인과 기관들에게는 이외에도 무수한 매매기법이 있다. 외국인 세력들은 기술적 매매를 추종하는 게 아니라, 개미들의 기술적 매매방식을 역이용하는 것이다. 어쨌든 개인들의 홈트레이딩 시스템에 보이지 않는 낚시법은 무수하다. 개미들은 기술적 환상에 사로잡힌 희생양이다.

외국인과 기관의 핵심전략은 '장기 보유'

외국인과 기관은 개미들을 지옥에 충분히 몰아넣을 수 있는 힘이 있다. 그렇지만 외국인과 기관의 핵심전략은 '알짜 주식의 장기 보유'에 있다. 외국인과 기관들은 소위 우량 종목을 골라 쌀 때 주워 담은 후, 목표 수익률이 날 때까지 장기적으로 보유한다.

동시에 펀드매니저들은 포트폴리오에 편입된 해당 종목들의 실적과 정보를 끊임없이 챙긴다. 펀드매니저들은 바이사이드 및 셀사이드 애널리스트라는 전문가로부터 지속적으로 가공할만한 리서치 정보를 공급받는다. 펀드매니저가 소속된 자산운용사 내부에서 '바이사이드 애널리스트'가 직접 펀드매니저에게 정보를 제공해준다. 최근에는 바이사이드 애널리스트의 리서치 역량을 강화하는 추세이다. 또한 자산운용사들은 각 증권사 리서치 센터에 소속된 '셀사이드 애널리스트'로부터 리서치 정보를 제공받는다(물론 개인도 이러한 셀사이드 애널리스트 리포트를 볼 수는 있다).

개인들이 기술적 분석에 의한 단기매매에 치중하는 것과는 달리, 외국인과 기관은 실적이 좋은 우량 기업의 주식을 골라 장기 투자함과 동시에 끊임없이 실적을 점검한다. 그러나 외국인과 기관도 일부 자금은 단기적으로 주식을 사고 파는 거래 행위를 한다. 왜냐하면 거래를 해야 해당 증권사의 수수료 수익이 발생하기도 하고, 큰 고객(전주)들에게는 나름 노력한 거래의 내역도 증명할 수 있기 때문이다.

단기적으로 매매하는 주식도 수익률이 나야 유리하므로 돈의 힘을 최대한 이용한다. 경우에 따라서는 개미들의 종자돈을 주요 타깃으로 하는 단타 매매 전문 외국인이나 기관들도 있기도 하다.

 투자의 본질을 다시 생각해보자. 외국인이나 기관들은 기업의 재무정보를 속속들이 뒤져보고 투자 종목을 선정한다. 이후 펀드매니저들은 애널리스트라는 전문가의 힘을 빌어 투자기업의 실적을 지속적으로 챙긴다. 그들은 잔파도를 손으로 잡으려 하지 않는다. 그들은 큰 조류를 발견하고 그 조류에 몸을 맡기는 것이다. 물론 조류에 따라 흘러가면서도 배 위에서 기후변화를 챙기고 관찰한다.

 이제부터라도 기술적 환상에 벗어나자. 단타 매매에 사로잡히지 말자. 그리고 멀리보고 큰 조류에 편승할 우량 주식을 골라서 장기 보유하는 것이 답이다.

진짜 주주같이
행동하자

한 주의 주식을 사더라도 회사 전체를 인수한다고 생각하자.
진짜 주주라면 항상 재무제표를 옆에 끼고 있어야 한다.

　오직 한 종목의 주식만 투자해야 하는 것도 아니다. 두 종목의 주식을 투자할 수도 있고, 여러 종목의 주식을 이용해 포트폴리오를 짤 수도 있겠다. 종목 수와 상관없이 중요한 것은 한 주식을 사더라도 '주식을 사는 마음'이다.

　주식을 살 때는 결혼하는 마음으로 사야 한다. 우리는 배우자를 선택할 때 주위에서 K라는 사람이 괜찮으니 결혼해보라고 권유한다고 결혼하지 않는다. 당연히 배우자를 직접 보고 성심을 다해 고려해야만 하니까. 이와 같이 주식을 살 때 결혼하는 마음으로 사는 게 '진짜 주주'의 마음이다. 진짜 주주의 마음으로 주식을 사게 되면 주식은 언젠가는 반드시 보답을 한다.

그 회사를 인수한다고 생각해보라

그렇다면 진짜 주주는 어떠한 마음으로 주식을 사는가? 답은 자명하다. 당신 혼자서 어떤 회사 전체를 인수한다고 생각해보라. 그럼 결국 '알짜 기업'을 사야 하는데 당연히 재산 상태와 영업능력을 우선 보게 된다. 회사의 재산상태와 영업능력은 어디에 나와 있을까? 그렇다. 바로 재무제표다.

알짜 기업이라 판단이 되면, 그 다음은 흥정이다. 알짜 기업이라 해서 상대가 달라고 하는 대로 다 줄 수는 없는 노릇이다. 상대가 달라는 금액은 명백히 알 수 있다. 그건 바로 시장에서 거래되는 현재가이기 때문이다. 그렇다면 '기업이 진정 얼마의 가치가 있는가'가 중요한 문제인데, 결국 재무제표를 통해 가늠해볼 수 있다. 그게 바로 '가치평가'다.

가치평가는 반드시 재무제표 분석을 통해 이루어진다. 최근까지 학계에서 가치평가이론을 발전시켜왔는데, 기업의 가치는 쉽게 보아 재산가치와 수익가치로 구성된다고 보면 된다. 재산가치와 수익가치는 바로 재무제표를 분석해 가늠해낼 수 있다. 워런 버핏과 같은 세계적인 투자 거장들은 바로 자기만의 가치평가지론이 있는 것이다.

가치평가방법론은 이론적으로 발전되어온 영역이기도 하지만, 주식시장에서의 값진 투자경험으로부터 충분히 얻어낼 수 있는 수확이다. 어쨌든 간과하지 말아야 할 점은 알짜 기업을 발굴하고 그 기업의 진정한 가치를 발견하기까지 모든 과정에서 반드시 재무제표를 끼고 있어야 한다는 점이다.

분기별 재무제표를 통해
'워칭'해야 한다

오늘부터 시세는 당장 쓰레기통에 버려라.
그리고 분기별 재무제표를 끼고 살아라.

그렇다면, '어떤 주식을 일단 사고 나면 무얼 하지?'의 문제가 있다. 대개의 투자자는 사고 난 다음 시세를 보기 시작해 다음 날도 또한 그 다음 날도 시세에 집착하기 시작한다. 자신으로서는 거액의 자금을 들여 투자했으니 매순간 시세에 관심이 갈 수 밖에 없다. 인간으로서 돈에 집착이 없다고 한다면 그건 거짓말일 것이다.

그렇지만 명심할 게 있다. 주식을 살 때 진짜 주주의 마음으로 샀다. 더구나 거금을 들여 샀으니 경영자가 똑바로 경영을 하는지를 눈을 크게 뜨고 지켜봐야 한다. 다시 말한다. 주주로서 주식을 샀으니 매순간의 주식 시세를 볼 게 아니라 경영활동을 예의주시해야 한다.

경영을 잘하면 결국 주가는 올라야 한다. 단기적 시세는 얼마든지

출렁일 수 있지만, 기업이 잘 운영되면 장기적으로는 주가는 오른다. 만약 기업 경영이 꾸준히 잘되고 있고 내실있게 성장하고 있는데, 장기적으로 주가가 반토막도 날 수 있다고 생각된다면 애초에 주식시장에 발을 딛지 말아야 한다. 그런 시각은 현대 자본시장을 마치 도박장과 동일하게 보는 입장인데 자본시장에 참여할 자격이 없다고 본다.

어쨌든 주식을 한 주라도 사게 되면 회사의 주인으로서 반드시 경영활동을 감시해야 한다. 주주로서 경영활동을 감시하는 방법은 바로 분기별로 발표되는 재무제표를 점검하는 것이다. 즉 '기업이 잘하고 있나 그렇지 않은가'를 분기별 재무제표를 통해 지속적으로 지켜봐야 한다는 소리다.

그러니 당신이 주주가 된다면 실시간 주가는 쓰레기통에 버리고 주기적으로 분기별 재무제표를 점검해라. (애널리스트 보고서도 마찬가지다.) 당신이 살 알짜 기업은 1분기만에 망하지 않을 테니 걱정하지 말고 시세를 버려라.

목표 기간과 가격까지 기다려라

그럼 매수한 주식은 언제 팔아야 할까? 자신이 생각하던 기간과 가격에 올 때까지는 팔면 안 된다. 예를 들어, 당신이 생명보험에 가입할 때 언제까지 불입하고 연금은 언제부터 받을지에 대한 재정 계획이 있다. 마찬가지다. 주식을 살 때 투자금을 불입금이라고 가정한다면 언제쯤 돈을 환수할 계획인지 기간 계획이 최우선이다. 아주 예외적인 경우를 제외하면 애초에 생각했던 기간까지는 보유해야 한다. 그게 주인의 마음이다.

한편 최초 설정(?)한 기간이 제일 중요하지만 목표한 가격도 나름 의미가 있다. 최초에 주식을 살 때 나중에 돈을 환수받을 금액을 나름대로 설정하는 것이다. 즉 그게 바로 자신만의 목표가이다. 한 예로, 가치투자의 거장이자 워런 버핏의 스승인 벤저민 그레이엄은 저평가된 주식을 사서 주가가 자신이 평가한 금액까지 오게 되면 팔았다.

물론 처음 주식을 할 때는 목표가를 어림잡아 하게 된다. 그러나 진짜 주주로서 투자경험이 쌓이면 현실적인 목표가를 가늠할 수 있게 된다. 당장은 목표가 수준 자체에 지나치게 큰 의미를 둘 필요는 없다. 목표가라는 것은 자신의 신념을 지키기 위한 노력이다. 즉 주식을 살 때 신념이 있어야 하고 내가 받고 싶은 가격이 오지 않으면 절대 팔지 않겠다는 약속이다. 당신이 부동산을 가지고 있다면, 당신은 아마도 그런 신념을 지키기 위해 노력할 것이다.

만약 설정 기간 내에 주가가 목표가에 도달했다면 어떻게 해야 하나? 목표가에 왔다는 것은 일단 그곳에서 반드시 멈춰야 함을 의미한다. 그리고 할 일이 있다. 회사의 '현재 재산상태는 건실한지 그리고 영업능력과 실적은 꾸준한지'를 재차 판단해보는 것이다. 그리고 나면 현재 시점에서 가치평가를 진지하게 다시 해보는 것이다. 주식을 처음 살 때와 마찬가지로 주가가 충분히 저평가되어있다고 보면 계속 보유를, 그렇지 않으면 그때 매도를 고려하게 된다.

그러나 재무제표를 보고 매도하라

주식을 일단 사면 자신의 최초 설정 기간까지는 신념을 가지고 보유해야 한다고 했다. 그럼에도 주주로서 지속적으로 분기별 재무제표를 점검해 경영활동을 감시해야 한다고 했다. 그렇지만, 중요한 점이 있다. 바로 분기별 재무제표를 점검해보았는데, 경영자의 의사결정에 따른 운영결과에 문제가 있다고 판단될 때가 있다.

보통은 분기별 재무제표의 특이사항으로 발견이 된다. 예를 들면, 당신이 부채가 적은 기업을 선호하는데, 근래에 기업이 지나친 부채를 차입해 공격적 투자를 감행했고 투자결과와 현금흐름 상태에도 문제가 있어 보이는 경우이다. 문제가 인식이 되는 경우에는 보다 경계심을 가지고 문제를 파악해보자.

문제의 해결기미가 안보이거나 의문이 생길 때는 그때는 목표가와 상관없이 팔 준비를 해야 하는 것이다. 결론은 이것이다. '재무제표를 보고 팔아라!'

정리하면, 주식을 사서, 보유하고, 팔 때까지 매순간 변화하는 시세를 버리고 오직 재무제표를 통해 재산과 실적을 지켜보고 있어야 한다는 것이다. 시세에 집착해 주식투자에 돈을 버는 사람을 보기 힘들다. 단타매매를 통해서도 잔돈푼은 벌 수도 있겠지만 큰돈을 벌 순 없다. 도박장에서 결국 큰 돈을 벌 수 없는 이치와 같다. 결국은 큰돈은 고사하고 소중한 재산을 자신도 모르게 조금씩 탕진하는 것이다.

그래서 주식부자는 반드시 장기투자자에서 나온다. 갑부의 위치에 있는 투자 거장들은 재무제표를 옆에 끼고 있는 장기투자자뿐이다.

세계적인 주식부자들은
가치투자의 거장들이었다

소총 한 자루를 덜렁 들고 막대한 화력의 세력과 굳이 싸워야 할까?
당신이 재무제표를 '워칭'하고 있는 이상, 두려움은 없다.

　최근 워런 버핏과의 점심 식사가 35억 5천만(2018년 6월 1일자 이베이 경매)에 낙찰되었다고 한다. 구지 값비싼 점심 식사를 사서, 엄청나게 좋은 주식을 추천받거나 대단한 투자방법을 얻지 않더라도, 워런 버핏이 우리에게 공짜로 다음의 공공연한 비결을 알려주었다.

　"최소한 10년 이상 가지고 있지 않을 주식은 단 10분도 소유하지 말라."

　어떤 주식을 사면 10년 이상을 무조건 보유하라는 것은 아닐 것이다. 최소한 10년 이상 보유할 가치가 있는 주식을 사라는 뜻이다.

워런 버핏이 포스코에 투자했던 이유

필자가 포스코경영연구소에 재직하던 시절의 얘기다. 당시 포스코
는 세계적인 철강기업으로 알짜 기업으로 저평가된 기업으로 공공연
히 알려져 있었다. 그래서 주주행동주의를 표방한 글로벌 헷지펀드의
공격목표가 되기도 했다. 워런 버핏은 버크셔 해서웨이를 통해 2002-
2003년부터 서서히 포스코 주식을 사들여 2007년 말까지 4.6%의 지분
을 보유하게 된다.

그는 2007년까지 평균 매입단가가 약 15만원이라고 밝힌 바 있다.
2015년 4월, 포스코건설 비자금 문제 등으로 포스코가 검찰의 압수수
색이 진행될 즈음, 당시 보유 중인 4.5%의 지분(395만주) 전량을 처분하
며, 매년 배당을 제외하고도 약 5,925억의 처분이익을 올린 것으로 알
려진다. 포스코 주식 단 하나로 배당수입(매년 395억 추정)까지 포함하면
약 9,480억원의 이익을 올린 것으로 추정된다.

2006년에 칼 아이칸이라는 헷지펀드가 KT&G에 대한 공격을 감행
하면서, 국내의 저평가된 우량기업에 대한 공격 우려가 커졌다. 포스
코는 당시 글로벌 헷지펀드에 의한 1순위 먹이감으로 회자되고 있었
다. 포스코 차원에 적대적 M&A 대책반이 꾸려졌고, 필자 또한 연구소
대표로 참여했다.

당시 국가기간산업보호법 등 많은 사회적 논의가 있었지만 결국 논
의에 그치고 말았다. 아직 헷지펀드에 의해 공격이 감행되지는 않았지
만, 포스코 차원에서는 국내외 우호지분 확보 노력을 기울였다. 포스
코 적대적 M&A 대책반에서는 글로벌 헷지펀드의 성향과 공격방식에

대해 검토하고 대응방안을 마련했다. 그 일환으로 경영활동에 간섭하지 않는 성향의 투자그룹에게 서신 등을 보내 주주 참여 또는 주식 확대를 독려하기도 했다.

워런 버핏의 버크셔 해서웨이도 경영활동에 간섭하지 않으면서도 선택한 기업에 대해 지속적으로 지분을 확대하는 성향을 가진 것으로 파악되었다. 워런 버핏은 실제로 포스코 지분을 장기에 걸쳐 지속적으로 매수하면서 공공연히 "믿어지지 않을 만큼 놀라운 철강회사(Incredible Steel Company)"라 극찬을 아끼지 않았다.

뿐만 아니라, 2008년말부터 시작된 금융위기 속에서도 지분을 줄이지 않았다. 심지어 2010년 1월 19일, 버크셔 해서웨이의 오마하 본사에서 포스코 정준양 회장을 만난 자리에서 "포스코를 조금 더 일찍 찾아냈더라면 더 많이 투자했을 것이며 금융위기 발발 당시 주가가 하락했을 때 주식을 더 샀어야 했는데 그 시기를 놓친 것이 아쉽다, 포스코 주식을 더 확보하겠다"라고 밝혔다.

투자의 귀재 '워런 버핏'이 포스코에 보여준 투자 방식은 글로벌 헷지펀드와는 확연히 달랐다. 주주행동주의 노선의 헷지펀드는 갖은 명분으로 경영진을 압박하면서 주가를 부양하고 막상 주가가 크게 뛰면 소위 '먹튀'를 하는 행태와는 달랐다. 본격적인 포스코 지분 매입시기인 2005-2007년부터 2015년 매도에 이르기 까지, 워런 버핏은 쌀 때 꾸준히 매수하고 장기 보유하면서 수익률을 극대화하고자 한다.

그래서 워런 버핏은 버크셔 해서웨이가 발행하는 연차보고서의 주주들에게 보내는 서한을 통해 1년에 한번 자신의 견해를 드러낸다. 시장 전망에 근거하는 것이 아니라 기업 자체만을 판단한다. 그가 투자에 관해서 하는 일의 대부분은 재무제표와 연차보고서를 읽고 기업을 방문해보는 것이다. 단지 지분을 사고 팔 때만 빼고는 결코 주식 시세판을 보지 않는다고 한다.

한국 주식시장에도 통하는 얘기일까?

장기 투자이니 가치 투자이니 하는 말은 미국 주식시장에나 통하는 말로 생각하는 사람들이 많다. 한국 주식시장은 외국인과 기관들의 공매도가 판을 치고, 전혀 신뢰할 수 없는 비효율적인 시장이라 아무것도 믿지 말고 그저 단타가 정답이라 생각하는 것이다.

가끔은 나름 소신을 가진 개인투자자가 있지만, 장기투자를 하더라도 낭패를 보는 경우도 실제 허다하다. 삼성전자나 10년전에 비해 10배 올랐지만 대우조선해양은 20분의 1의 가격이 되었다. 코스피 시장이 장기 박스권에 갇히면 초우량주라도 별 수 없다. LG디스플레이나 한화테크윈 등과 같은 대형주들도 5년 동안 제자리인 경우가 많다. 심지어 STX, 대한해운 등 대형주는 10년 들고 있다가 깡통차기도 한다.

외국인이나 기관 등 세력들이 공매도를 하거나 주가 장난(?)을 치게 되면 그 주식은 망가지는 경우가 다반사다. 그래서 많은 사람들이 우리나라 주식시장을 도박판으로 인식하게 된다.

아무것도 신뢰할 수 없으니, 기업의 내용과 상관없는 차트에 근거한 단타매매에 집중한다. 지루하기 그지없는 가치투자는 없다. 단기간에 몇 배씩 급등하는 테마주를 찾기에 바쁘다. 그러다보니 단기간에 대박을 터뜨려야 한다는 강박관념에 시달린다. 그러나 막대한 자금을 가진 외국인이나 기관과 맞서 수급 상황과 시장의 방향성을 정확히 예측하며 싸운다는 것은 이미 진 것이나 다름없다.

전장(戰場)의 상대는 막대한 정보와 화력을 가짐은 물론 냉철한 이성으로 싸운다. 그런데 개인은 소총 한 개만 들고 감정에 복받친 상태로 전장에 임한다. 물불을 가리지 않고 덤벼드는 불나방에게는 증권시장은 지옥과 다름없다. 결국 잦은 매매는 반드시 손실 규모를 키운다. 결코 가랑비에 옷 젖는 정도가 아니다.

전쟁의 제 1 법칙, "지금 안 되면 시간 싸움을 하라"

지금 전쟁해 틀림없이 승산이 있으면 지금 싸우면 된다. 그러나, 상황을 제대로 파악해보면 지금 당장 싸우면 지는 경우가 많다. 왜냐하면 싸움 준비가 안 되어 있을 테니 당연하다. 실제로 몇 몇을 제외하고 개인들의 대부분이 주식을 통해 손실을 보고 있지 않은가.

조급한 우리들은 지금 당장 이기기 위해 가능한 모든 노력을 다 기울인다. 그런데 많은 일들이 뜻대로 되지 않는 경우가 다반사다. 특히 전쟁 상대가 강할 경우이다. 주식시장의 가장 큰 상대들은 예외 없이 외국인과 기관이다. 물론 자체적으로 큰 돈을 굴리는 개인 세력도 있다. 강한 상대는 당연히 쉽게 이길 수 없다. 의욕과 사기만으로 강한 상대를 물리칠 수 있다면 전쟁은 쉽지만 그렇지 않은 게 전쟁이다.

개인들이 한국 주식시장에서 백전백패를 하는 이유는 명백하다. 막강한 정보와 화력을 가진 상대에 맞서 마치 불나방처럼 조급한 마음으로 불에 덤비기 때문이다. 조급하면 질 수 밖에 없는 게임에 '단타'로 임하기 때문에 더욱 망가지는 것이다.

불이 뜨거우면 어떻게 하면 되는가? 누구나 안다. 불같이 덤벼들게 아니라 물을 들이붓거나 마땅한 게 없으면 불이 꺼질 때까지 기다리면 된다. 상대가 아무리 강하더라도 냉정히도 참고 기다리는 놈을 이길 수는 없는 법이다.

『전쟁의 기술』을 저술한 로버트 그린의 말을 명심하자. "공간보다 시간을 이용해라." 지금 당장 현재의 공간과 상황에서 강한 상대와 싸우고자 하면 진다는 말이다. 철저히 시간을 두고 싸우는 방법에는 어지간한 상대도 지치기 마련이다.

그러니 시장이 출렁이든 뉴스가 어떻든 차트가 어쨌든, 당신이 진정으로 선택한 기업의 주식을 사서 냉정히 기다리며 상대와 싸워야 한다. 여기서 '시간'을 가지고 공략하는 게 제일 중요하고, 그 다음으로 '냉정함'을 가지는 게 중요하다.

그렇다고 주식도 사놓고 마냥 기다려서는 안 될 일이다. 그건 선택 후에 거들 떠 보지도 않는 것과 다름없다. '냉정함'을 갖추고 할 일이 있다. 그건 주식 시세판을 보는 것은 결코 아닐 것이다. 재무제표를 보면서 기업을 계속 '워칭(Watching)'하는 것이다. 당신이 재무제표를 워칭하는 이상, 이미 적과의 싸움에서 9부 능선을 넘은 것은 분명하다.

웰스빌딩 전략을
실행하라

알짜 기업을 골라 연금 투자를 실행해보자.
그게 주식부자가 되는 명백하고도 너무나 쉬운 원리다.

　주식시장은 언제나 단기적으로는 이리저리 출렁인다. 마치 잔파도
처럼 상승 아니면 하락을 끊임없이 반복한다. 그러니 잔파도에 따라
행동하면 부가 축적될 수 없다. 신기(神氣)가 충만한 무속인이 아니고
서야 바람에 따라 끊임없이 변화하는 잔파도를 어떻게 정확히 예측해
내겠는가.

　결론은 끝까지 장기 투자해야 한다. 그러니 믿음이 안가는 주식은
애초에 선택해서는 안 된다. 자신이 선택한 기업과 생명을 다해 함께
할 것을 각오하며 기업을 믿어야 한다. 그래서 배우자를 선택하는 마
음으로 종목을 선정해야 한다.

　어쨌든 당신은 알짜 회사인 S기업의 주식을 선택했다고 하자. 지금

부터는 영미권 주식부자들에게 알려진 일종의 연금형 주식투자방식을 응용한 '웰스빌딩 전략(Wealthbuilding strategy)'을 제안한다.[1]

다운 페이먼트하고 연금식 불입을 한다

최초에 S주식을 사면서 다운 페이먼트(기초 투자금)를 납입한다. 장기 투자라 해도 지나친 위험에 노출될 수 있으므로, S기업의 주식외에 2~3개의 상이한 업종의 주식을 이용해 포트폴리오를 구성하면 좋다. 여기서는 일단 S주식만 상정하자(포트폴리오 구성 시는 그 비율을 의미한다). 다운 페이먼트는 향후 주기적인 연금 납입을 고려해 당신이 감당할 수 있는 최대 금액이 될 것이다.

이후 한 달 정도의 월급 주기로 연금식으로 S주식을 산다(월급을 받지 않더라도 상관없다). 당신이 설정한 '약정 금액'이나 '월급 대비 약정 비율'대로 주식을 산다.

예를 들어 당신의 월수입의 10%의 금액을 한 달 주기로 S주식을 사면 된다. 이 경우에 약정 금액이나 비율은 반드시 자신이 미리 설정한 기준에 따라야 한다. 어떤 경우에는 향후 자금이 소요될 일이 많을 수가 있는데 그럴 때에는 미리 약정 금액을 낮춰놓아야 한다. 즉 그때그때 기분에 따라 정해놓은 약정액을 변화시키면 안 된다.

---

1 Richard Carlson. 2001.

완전 연금투자를 한다

다음은 '언제 주식을 사느냐?'의 문제인데 방법은 간단하다. 최초 납입 이후 한 달에 한번 지정한 날에 정기적으로 S주식을 사는 것이다. 그야말로 연금식 납입이다. 월급 날이나 지정 일에 당신이 설정한 약정비율(예, 월수입의 10%) 또는 약정금액 대로 주식을 산다. 어쩌면 평생 동안 불입할 수도 있다는 가정 하에 본인의 사정에 맞게 약정 금액을 정하면 된다.

역시 중요한 건 다운 페이먼트이든 월불입액이든 미리 설정한 기준은 합당한 원칙아래에서만 변동시켜야 하지, 일시적 변심에 의해 함부로 바꾸면 안 된다는 것이다. 그러니 처음에 신중히 금액을 설정해야 할 것이다.

그렇게 정기적으로 지정한 날에 약정액을 불입을 한다고 하자. 만일 기업의 주가가 오르면 올라서 좋고, 주가가 내리거나 시상 상황이 나쁘면 동일한 불입 금액으로 더 많은 수의 주식을 살 수 있어서 좋다. 이 방법은 어떤 경우에도 주식 시세판을 쳐다볼 필요가 없다는 점에서 최고의 방법론이다. 인간이기에 순간순간 변화하는 시세판을 보면서 마음이 흔들리지 않는다는 건 거짓말이다.

물론 완전 연금식 투자를 하면서도 S기업의 분기 실적은 지속적으로 점검해야 한다. S기업을 애초에 믿어서 투자한 것이지만 주주로서 경영에 대한 감시활동을 해야 하는 것이다. 감시 활동에서 어떤 시그널이 잡히면 그땐 심각하게 매도까지 고려하게 된다(주의할 것은 시세? 감시 활동이 아니다).

여기에서 소개하는 '웰스빌딩 전략'의 기본 가정은 역사적으로 볼 때 현대 자본시장은 계속 성장해왔다는 것이다. 어떤 시장의 사건이나 종목의 단기 시세에 대해 마음의 평정심을 잃지 않으면서, 결국 시장과 우량 기업의 장기 성장을 함께하는 것이다.

조건부 연금투자를 한다

앞의 방법은 완전 연금투자와 동일하지만, 다음 방법은 '월마다 어떤 조건이 맞을 때' S주식을 사는 방법이다. 주식투자자 중 많은 이들이 주식시장을 관찰하는 쏠쏠한 재미를 놓치지 않고 싶어 하기 때문에 이 역시 필자가 응용한 방법이다.

최초 납입 이후 한 달에 한번 '월마다 어떤 조건이 맞을 때' S주식을 산다고 했는데, '주식이 일시적으로 급락하는 순간'이 그 조건이다. 우량 주식이라 하더라도 한 달에 몇 번은 4%정도 일시적 급락을 하는 때가 많다. S기업의 주가가 4%정도 급락하는 것을 불시에 목격할 때 그 때 사는 거다.

여기서 4%는 하나의 준거점에 불과하다. 기준 선택은 물론 당신의 몫이다. 회사에 중대한 영향을 미치지 않는 사건의 사유로, 때론 루머나 별다른 이유 없이 기술적 조정과정에서 수급 상에서 4% 정도는 장중에도 일시적으로 급락을 하는 때가 있다.

때론 업무가 바빠서 먼 여행 중이라 주식을 살 겨를이 없을 수가 있다. 또한 그런 경우는 잘 없겠지만 단 한 번도 보유 주식이 일시적이라도 급락한 경우가 없는 경우가 있을 것이다. 그때는 무조건 해당 월의 말일 날 약정한 금액만큼 산다. 월마감 개념이라고 하자. 이때 그냥 넘어가면 연금투자의 원칙이 무너지게 된다.

이 방법은 연금 투자의 방식이지만, 주식 시세를 자주 또는 가끔 확인해야 하는 번거로움도 있고, 그러다보면 때론 주식시장에 흠뻑 빠져버릴 위험이 크다. 주식 시세판에 몸을 던지는 성향이 있다면 이 방식은 좋지 않다. 물론 시장을 즐길 자신이 있는 투자자라면 이 방법이 좋다. 주가가 오를 때는 올라서 좋고, 단기 시세가 급락하면 상황을 보면서 주식을 아주 싸게 잡아서 좋다. 결국 어떤 경우도 좋다.

그래도 시장 위험에 노출되어 있다

'웰스빌딩 전략'에 따라 연금식 투자를 해도 시장 전체의 위험에는 여전히 노출되어 있다. 2008년 말 금융위기의 여파가 지금까지도 여전하다. 이러한 갑작스런 경제 위기에 시장은 노출되어 있다. 장기 투자라 하더라도 이러한 시장 위험에는 어쩔 수 없다. 그런데 이는 부동산과 같은 다른 자산도 마찬가지다.

그렇다. 우리는 지금 시시각각 변화하는 주식 시세를 두려워하는 것이 아니라, 살면서 몇 번 닥칠지 모를 경제 위기를 두려워하는 것이다.

그렇다면 당신은 어떻게 하겠는가? 그 누구보다도 경제 지표에 촉각을 갖지 않겠는가? 당신이 거시 경제 지표와 산업 동향에 그 누구보다 관심이 큰 사람, 즉 민감한 사람이 된다면 당신은 경제 위기가 다가 올 때 누구보다 더 빨리 빠져나올 준비를 하는 것이다.

시장 위험말고도 S기업(포트폴리오 구성시 포트폴리오 기업)의 개별 위험도 당연히 있을 것이다. 당신은 선택한 기업이 최고의 알짜 기업이더라도 기업이 처한 위험은 만만치 않다. 그러므로 필자가 앞서 역설한 것과 같이 기업의 분기 실적을 지속적으로 워칭해야 하는 것이다.

당신의 알짜 기업은 그리 쉽게 자멸하지 않을 것이지만 주주로서 분기 실적을 점검하면서 감시활동을 게을리 해서는 안 된다. 물론 기업의 심각한 문제가 판단되면 빠져나와야 한다.

당신은 호모이코노미쿠스(Homo Economicus)로서, 경제의 거시지표와 기업의 재무제표를 항상 감시하면서 위험 신호를 감지하려고 노력해야 한다. 당신은 주식 시세판에는 무심하고 초연하지만, 거시경제지표와 기업실적에는 온 신경을 다 쓰고 있어야 한다. 거시지표로 경제위기가 감지될 정도라면 S기업의 재무제표에도 충분히 반영된다. 그러니 재무제표를 공부하고 끼고 살아야 한다.

마지막으로 부언하고 싶은 것이 있다. 알짜기업을 골라 연금식 투자를 실행할 때는, '매년 안정적으로 고배당을 지급하는 기업의 주식(소위 안정적 고배당주)'에 관심을 가지자. 만약 배당수익률(배당금/주가)이 10%라면 최소한 10%의 연간 수익률이 확보된다는 뜻이다. 물론 배당금만큼 일시적으로 주가가 떨어지지만 시장의 힘에 묻혀 장기적으로는 그만큼은 자연히 회복한다. 매년 안정적으로 고배당을 할 수 있는 기업은 그만큼 영업이익의 지속력이 훌륭하다는 반증이다. 안정적 고배당 기업 중에서 재무제표가 알짜인 기업에 주목할 이유는 충분하다.

회계를 모르고
재무제표에 덤비지 마라!

많은 사람들이 회계와 재무제표를 알고 싶어 하고 공부하지만 번번이 벽에 부딪치는 것이 안타까웠다. 대학에서 회계학을 가르치는 필자 또한 회계학이 만만치 않은 공부임을 절실히 느껴왔다.

혹자들은 '회계를 몰라도 재무제표를 읽을 줄 알면 된다'는 솔깃한 말을 하기도 한다. 그렇지만 그건 완전히 잘못된 얘기다.

수영을 잘하려면, 먼저 물에서 놀아야 한다. 물을 가까이 하는 것은 회계를 공부하는 것과 마찬가지다. 그래야 재무제표를 읽어야 할 때 두렵지 않다. 회계를 모르고 재무제표에 덤비면 마치 어둠 속 깊은 바다에 빠져버릴 때의 두려움만 몰려온다.

그래서 필자는 재무제표를 이해하려면 회계의 원리를 습득하고 장부를 마감해봐야 함을 역설했다. 그리고 이 과정에서 가장 쉽게 회계의 근본적 원리를 알려주고자 했고 장부를 마감하는 간명한 논리를 말하고자 했다.

한 가지 더 있다. 회계의 원리를 알고 재무제표를 보면 되겠는데, '무얼 보겠는가?'이다. 흔히 공인회계사 등 회계전문가처럼 재무제표간의 연결고리를 살펴보면서, 재무제표로부터 심오한 무언가를 발견하고자 노력한다. 심지어 회계의 입문자조차도 재무제표를 면밀히 살펴보면서 회계부정이나 오류를 발견해야 할 것 같은 분위기다.

필자는 분명히 말한다. 재무제표의 이용자는 단순 투자자 입장에서 그 기업의 가격 또는 가치를 알기 위해서 재무제표를 봐야 한다는 것이다. 인간은 '호모이코노미쿠스(Homo Economicus)'다. 즉 사물의 가격을 알고 싶어 하는 것은 우리 인간의 본능이다.

그러한 본능에 충실하면서 기업의 가격을 발견하려는 관점(Viewpoint)을 견지한다면, 단언컨대 재무제표를 꿰뚫어볼 수 있다. 당신이 주식투자자라면 재무제표가 알짜인 기업을 골라 필자가 제안하는 '웰스빌딩 전략'을 실행하면서 반드시 주식부자가 되길 염원한다.

권수영. 2013. 회계학 이야기. 신영사

김권중. 2011. 재무제표분석과 가치평가(제4판). 창민사

나영·양대천. 2017. 재무회계와 재무분석. 신영사

양대천. 2018. 문과에도 길은 있다. 메이트북스

로버트 그린. 2007. 전쟁의 기술. 웅진지식하우스

메리 버핏·데이비드 클라크. 2010. 워런 버핏의 재무제표 활용법. 부크홀릭

Richard Carlson. 2001. Don't sweat the small stuff about money. Hyperion

■ 독자 여러분의 소중한 원고를 기다립니다 ─────────────

메이트북스는 독자 여러분의 소중한 원고를 기다리고 있습니다. 집필을 끝냈거나 집필중인 원고가 있으신
분은 khg0109@hanmail.net으로 원고의 간단한 기획의도와 개요, 연락처 등과 함께 보내주시면 최대한
빨리 검토한 후에 연락드리겠습니다. 머뭇거리지 마시고 언제라도 메이트북스의 문을 두드리시면 반갑게
맞이하겠습니다.

■ 메이트북스 SNS는 보물창고입니다 ─────────────

메이트북스 홈페이지 www.matebooks.co.kr

책에 대한 칼럼 및 신간정보, 베스트셀러 및 스테디셀러 정보뿐만 아
니라 저자의 인터뷰 및 책 소개 동영상을 보실 수 있습니다.

메이트북스 유튜브 bit.ly/2qXrcUb

활발하게 업로드되는 저자의 인터뷰, 책 소개 동영상을 통해 책에서
는 접할 수 없었던 입체적인 정보들을 경험하실 수 있습니다.

메이트북스 블로그 blog.naver.com/1n1media

1분 전문가 칼럼, 화제의 책, 화제의 동영상 등 독자 여러분을 위해
다양한 콘텐츠를 매일 올리고 있습니다.

메이트북스 네이버 포스트 post.naver.com/1n1media

도서 내용을 재구성해 만든 블로그형, 카드뉴스형 포스트를 통해 유
익하고 통찰력 있는 정보들을 경험하실 수 있습니다.

STEP 1. 네이버 검색창 옆의 카메라 모양 아이콘을 누르세요.   STEP 2. 스마트렌즈를 통해 각 QR코드를 스캔하시면 됩니다.
STEP 3. 팝업창을 누르시면 메이트북스의 SNS가 나옵니다.